O cidadão de papel – A infância, a adolescência e os Direitos Humanos no Brasil
© Gilberto Dimenstein, 1993

Os textos de abertura dos capítulos foram extraídos da *Declaração Universal dos Direitos Humanos,* firmada pelos signatários da ONU (Organização das Nações Unidas) em 1948.

Os conteúdos foram revistos e atualizados em relação à 23ª edição.

Editora-chefe	Claudia Morales
Editor	Fabricio Waltrick
Editoras assistentes	Lorena Vicini e Márcia Leme
Estagiária	Carla Bitelli
Colaborador	Paulo Nascimento Verano
Coordenadora de revisão	Ivany Picasso Batista
Revisoras	Cláudia Cantarin e Bárbara Borges

ARTE
Projeto gráfico	Caju Design
Capa	Carlo Giovanni
Diagramadora	Natália Tudrey
Editoração eletrônica	Vinicius Rossignol Felipe
Pesquisa iconográfica	Sílvio Kligin (coord.), Ana Vidotti e Josiane Laurentino

CIP-BRASIL. CATALOGAÇÃO NA FONTE
SINDICATO NACIONAL DOS EDITORES DE LIVROS, RJ

D578C
24.ed.

Dimenstein, Gilberto, 1956-
 O cidadão de papel : a infância, a adolescência e os Direitos Humanos no Brasil / Gilberto Dimenstein. - 24.ed. - São Paulo : Ática, 2012.
 168p. : il.

 Contém suplemento de leitura
 ISBN 978-85-08-16187-4

 1. Cidadania - Brasil 2. Direitos Humanos - Brasil. 3. Direitos das crianças - Brasil. I. Título.

10-5896.   CDD: 323.6
                            CDU: 342.71

ISBN 978 85 08 16187-4 (aluno)
ISBN 978 85 08 11715-4 (professor)
CAE 271361
Código da obra CL 738488

2023
24ª edição
10ª impressão
Impressão e acabamento: Gráfica Santa Marta

Todos os direitos reservados pela Editora Ática S.A., 1993
Avenida das Nações Unidas, 7221 – CEP 05425-902 – São Paulo, SP
Atendimento ao cliente: 4003-3061 – atendimento@aticascipione.com.br
www.aticascipione.com.br

IMPORTANTE: Ao comprar um livro, você remunera e reconhece o trabalho do autor e o de muitos outros profissionais envolvidos na produção editorial e na comercialização das obras: editores, revisores, diagramadores, ilustradores, gráficos, divulgadores, distribuidores, livreiros, entre outros. Ajude-nos a combater a cópia ilegal! Ela gera desemprego, prejudica a difusão da cultura e encarece os livros que você compra.

Gilberto Dimenstein

O CIDADÃO DE PAPEL
A infância, a adolescência e os Direitos Humanos no Brasil

Prêmio Jabuti 1994 de melhor livro de não ficção.
Indicado como altamente recomendável pela FNLIJ
(Fundação Nacional do Livro Infantil e Juvenil).

editora ática

SUMÁRIO

INTRODUÇÃO 7

1 CIDADANIA 8

2 VIOLÊNCIA 24

3 ÉTICA 44

4 MORTALIDADE INFANTIL 56

5 DESNUTRIÇÃO 68

6 TRABALHO E RENDA 80

7 URBANIZAÇÃO E POPULAÇÃO 100

8 MEIO AMBIENTE 116

9 EDUCAÇÃO 128

10 MERCADO CULTURAL 150

CONCLUSÃO 165

SOBRE O AUTOR 167

INTRODUÇÃO

Nossa sociedade parece já ter se acostumado a crianças morando nas ruas, pessoas vivendo abaixo da linha da pobreza, à imensa desigualdade de nosso país, ao desrespeito pelos fracos, à falta de ética, ao excesso de violência... Não é absurdo que ninguém perceba a gravidade dessas questões?

Meu principal objetivo com este livro é chamar você, leitor, à reflexão e à análise do colapso social em que nos encontramos atualmente. Mais importante: é também um convite ao combate a esse estado de coisas, a partir do incentivo à participação ativa para melhoria de nossa sociedade.

Alguns dos principais fatores que determinam o desrespeito à cidadania no Brasil são expostos por meio de exemplos próximos de nosso cotidiano, peças de um quebra-cabeça social que explica as relações entre mortalidade infantil e desnutrição, falta de escolaridade e desemprego, corrupção e precariedade dos serviços públicos... O importante é que você se sinta estimulado a pensar sobre seu papel num país de cidadãos sem direitos, em que de um lado é vítima e tem de lidar com as consequências dessa situação, e de outro pode e deve ser agente de mudanças.

A primeira edição deste livro foi lançada em 1993, e desde então temos visto crescer a disposição dos brasileiros, sobretudo dos jovens, para promover as mudanças necessárias, a fim de que a cidadania prevista na lei exista de fato na vida da população.

É verdade que podemos celebrar, nos últimos anos, uma redução da miséria e avanços na melhoria da distribuição de renda, graças ao bom desempenho econômico (o que significa mais empregos e melhores salários) e a algumas políticas sociais que garantem o direcionamento de recursos diretamente aos que devem ser beneficiados (como o programa Bolsa Família). Vemos também que a educação ganhou mais espaço na agenda do país. Mas ainda estamos muito longe de poder comemorar a substituição definitiva da "cidadania de papel" – aquela que é garantida apenas no papel, ou seja, na *Declaração Universal dos Direitos Humanos*, na Constituição do Brasil etc. – pela cidadania de verdade, que é um direito de cada um de nós.

Este livro, em sua quinta versão, traz como novidade uma ferramenta de apoio fundamental para alunos e professores: o site www.atica.com.br/cidadaodepapel, que contém informações complementares ao conteúdo do livro, atualização de dados estatísticos, atualidades relacionadas aos temas tratados, além de um podcast exclusivo.

Espero que o livro *O cidadão de papel* cumpra os objetivos que pensei para ele, transformando a juventude de hoje em cidadãos que, no futuro, lutarão pela efetivação da cidadania no Brasil.

Gilberto Dimenstein

TODOS
OS SERES
HUMANOS
NASCEM
LIVRES E
IGUAIS EM
DIGNIDADE
E DIREITOS.

CIDADANIA

SINTOMAS DA CRISE

Quando andamos pela cidade, diariamente encontramos crianças de rua. Algumas ajudam camelôs ou lavam para-brisas de carros. São engraxates ou vendedores nos semáforos.

Essa cena tornou-se tão banal que nem chama mais a nossa atenção, não é mesmo? Prepare-se, então, para uma pergunta que vai parecer maluca: existe algo em comum entre você e uma criança de rua?

Certamente veio à sua mente a imagem de um menino ou uma menina dormindo em calçadas, vendendo balas ou apanhando da polícia. Eles usam roupas velhas, estão descalços, magros, sem tomar banho ou escovar os dentes.

Aí é que você achou a pergunta maluca mesmo. Afinal, você tem casa, estuda, tem no mínimo três refeições diárias, viaja nas férias.

Mais que maluca, desconfio que a pergunta lhe pareceu muito boba, certo? Mas, se você se questionar, vai descobrir que, para chegar a essa resposta, precisará mergulhar num conceito muito importante para o ser humano: a cidadania. E será necessário olhar não apenas para as ruas, mas para dentro da sua própria casa.

Percebemos a ausência de cidadania, por exemplo, quando uma sociedade gera uma criança de rua. Ela é o sintoma mais agudo da crise social. Os pais são pobres e não conseguem garantir a educação dos filhos, que muitas vezes são obrigados a trabalhar desde crianças. Por isso esses filhos, quando crescerem, vão continuar pobres, já que sem formação educacional é difícil arrumar bons empregos. E os filhos de seus filhos também não terão condições de progredir. Então surge a pergunta: a família é pobre porque não conseguiu estudar ou é porque não estudou que continua pobre?

Esse círculo vicioso não atinge só os que têm menos dinheiro. Revela uma sociedade que fecha oportunidades a todos, inclusive a você.

Escrevi certa vez um artigo[1] dizendo achar estranho que a morte de animais no zoológico de São Paulo tivesse gerado mais repercussão que a denúncia de que prefeitos faziam crianças passar fome porque desviavam recursos da merenda escolar. Essa passividade significa que já nos acostumamos à corrupção, como o desvio de verbas na área social.

Assim que o artigo foi publicado, recebi dezenas de e-mails em que me acusavam de insensível e inimigo dos animais. Isso porque escrevi que crianças também mereciam atenção!

Quase ninguém apoiou o óbvio: o fato de que deve ter algo de errado numa sociedade que presta mais atenção em animais que em suas crianças.

---

[1] O artigo "O escândalo do bicho" foi publicado pela *Folha de S.Paulo* no dia 15/2/2004.

Claro que o equilíbrio de uma sociedade depende da convivência harmoniosa entre o homem e a natureza. Mas depende também da relação harmoniosa entre os seres humanos – e isso nos falta.

O que temos visto são os dois extremos da perversidade social: os mais fracos, isto é, as crianças e os idosos, são as maiores vítimas. E uma sociedade que não respeita crianças e idosos mostra desprezo por seu passado e, no mínimo, indiferença por seu futuro. Vamos ao óbvio: todo mundo já foi criança e será idoso um dia.

Todos os dias vemos, ouvimos e lemos na imprensa notícias que mostram o desrespeito contra o cidadão. Alguns dizem que a falta de respeito aos direitos está tão instaurada que já faz parte de nosso dia a dia. Será que nós podemos permitir que isso aconteça?

É preciso encontrar maneiras de combater essa apatia perante situações de corrupção e desilusão com a política. Só assim será possível modificar essa engrenagem viciada.

Uma vida tocada na flauta

O vício ia tirando Charles dos palcos; entrou, enfim, no círculo vicioso da marginalidade até ir para a rua.

A flauta é o único objeto que sobrou de um fugaz passado glorioso. O resto está irreconhecível numa caverna debaixo do viaduto Costa e Silva, o Minhocão, a poucos metros da igreja da Consolação, onde mora Charles Pereira Gonçalves, na região central. As pontas dos dedos que tiravam notas musicais estão agora queimadas pelo crack. O sopro está comprometido pela tuberculose que contamina o pulmão. Trajado com roupas sujas e fétidas, Charles, olhos vazios, desistiu de tomar banho. Parece ter bem mais idade do que seus 34 anos.

A combinação de doenças – além da tuberculose, ele está com pneumonia – deixou-o esquelético e silencioso, sem vontade de conversar. Os sons que emite vêm de uma tosse constante. Quando, porém, vez por outra, ele toca seu instrumento, voltam os fragmentos da memória dos tempos em que, ainda menino, dividira o palco com músicos como o pianista Arthur Moreira Lima, o saxofonista Paulo Moura e o flautista Altamiro Carrilho. Altamiro Carrilho ficou tão impressionado ao ouvi-lo tocar um chorinho que comentou: "Só pode ser reencarnação". Até então, não tinha visto alguém tão jovem e sem nenhum estudo musical tocar tão bem – e muito menos acreditava em reencarnação. ››

O maestro Júlio Medaglia explica essa habilidade pelo ouvido absoluto, termo técnico que designa rara sensibilidade de distinguir as notas. Isso torna ainda mais difícil entender como Charles consegue viver naquela caverna embaixo do Minhocão, onde, por causa do trânsito ininterrupto de veículos, o barulho não para.

Por muito pouco, ele não viveu em ambientes radicalmente diferentes daquele, distantes da poluição sonora do viaduto. Medaglia dizia que, com estudo, o menino se transformaria em um instrumentista de renome mundial e conseguiu-lhe como professor, na Alemanha, o primeiro flautista da Orquestra Filarmônica de Berlim. "Pode ser um dos grandes flautistas do mundo", apostou Medaglia. Às vésperas de viajar para a Alemanha, porém, Charles começou a hesitar e a demonstrar um comportamento estranho. A droga começava a entrar na sua vida.

Quando indagado sobre o motivo por que caiu nas drogas, ele explica, entre frases confusas: "As pessoas pensavam que eu estava fora do Brasil e deixaram de me procurar. Fiquei desanimado, comecei a não ir mais para a escola e a usar drogas. Experimentei crack e me perdi". Acompanhado de dois de seus irmãos (um deles, gêmeo), Charles tocava nas ruas do centro de São Paulo, em 1984, quando tinha dez anos de idade. Diante do talento do filho, o pai, viúvo, treinou os irmãos para buscar dinheiro na rua. A visibilidade das ruas levou-o a gravar um disco no começo da década de 1990 e a ser chamado para shows e programas de televisão.

O vício ia tirando-o dos palcos. "Só queria crack." Começou a faltar dinheiro. Entrou, enfim, no círculo vicioso da marginalidade até ir para a rua. Ele agora se diz disposto a dar aula particular em alguma escola. "Queria ensinar flauta para crianças pequenas." Está consciente, entretanto, de que, viciado e tuberculoso, não pisaria numa escola. "Antes preciso cuidar de minha saúde." Seu depoimento só mostrou mesmo emoção quando ele falou de sua única criação recente, ao se referir ao filho de um ano de idade. "Nunca vi o rosto dele, mas acredito que ele possa vir a ser um grande flautista."

Talvez por causa do sonho de que o talento, desperdiçado, pudesse ser salvo no desconhecido filho, ele tirou a flauta do bolso do paletó e tocou um chorinho. Nessa vaga esperança, era como se sua vida ainda pudesse ser tocada na flauta.

Gilberto Dimenstein. *Folha de S.Paulo*, 23 mar. 2008. (Folhapress.)

CIDADANIA

DIREITO DE TER DIREITOS

Cidadania – uma palavra usada com frequência, mas que poucos entendem o que significa – quer dizer, em essência, a garantia por lei de viver dignamente. É o direito de expressar as próprias ideias; de votar em quem quiser sem nenhum tipo de constrangimento; de processar um médico ou hospital por negligência ou imperícia; de devolver um produto estragado e receber o dinheiro de volta; de não sofrer discriminação por ser negro, indígena, homossexual, mulher; de praticar livremente qualquer religião.

O direito de ter direitos foi uma conquista árdua da humanidade. No Brasil, por exemplo, demorou muito tempo para que as pessoas tivessem o direito de votar e escolher seus governantes. Muita gente deu a vida na luta por essa conquista. Mais tarde, outros batalharam para que você pudesse usufruir desse direito a partir dos 16 anos.

Na História não faltam exemplos de luta por liberdade e igualdade. A mais emblemática, sem dúvida, foi a Revolução Francesa, em 1789. No século XVIII, a Europa vivia ainda sob o regime absolutista, no qual o rei tinha poderes ilimitados e tirânicos, legitimados pela crença de que o governante

Abaixo. *Qualquer forma de discriminação é proibida por lei e deve ser combatida. Em 1932 finalmente foi dado às mulheres o direito de votar. A foto mostra uma mulher no momento da votação, dois anos após o voto feminino ser liberado.*

Arquivo do jornal O Estado de S. Paulo / Agência Estado

era o representante de Deus na Terra. Coube aos filósofos iluministas – como Rousseau e Voltaire – apontar os vícios desse regime e apregoar a importância da liberdade como um direito natural do indivíduo. Isso abriu caminho, na França, para a Revolução – um marco na luta pela igualdade.

Desde então, os direitos dos homens foram se ampliando e se aprimorando. A escravidão infligida aos povos africanos no mundo ocidental aos poucos foi abolida. Dá para imaginar nos dias de hoje uma nação defendendo a importância dos escravos para a economia? Pois esse argumento foi usado durante muito tempo no Brasil. Os proprietários de terras alegavam que, sem a mão de obra escrava, o país sofreria um colapso econômico. Eles se achavam no direito de açoitar e até de matar os escravos que fugissem ou cometessem algum outro ato de "desobediência". Nessa época, o direito ao voto era um privilégio concedido apenas aos que tinham dinheiro. E só podia se candidatar a qualquer cargo público quem fosse rico.

Felizmente, nos últimos séculos, os trabalhadores conquistaram vários direitos em todo o mundo. Imagine que na Europa, até há pouco mais de cem anos, crianças eram submetidas a quinze horas diárias de trabalho em tarefas pesadas nas fábricas. E sem direito a férias.

As mulheres, sempre relegadas a segundo plano, aos poucos conquistaram o direito de voto. No Brasil, esse direito chegou em 1932. Para os analfabetos, só com a Constituição de 1988.

Em 1948, ainda no calor do final da Segunda Guerra Mundial e da vitória sobre as forças totalitárias da Europa, surgiu a *Declaração Universal dos Direitos Humanos*, aprovada pela ONU (Organização das Nações Unidas). Inspirada no documento elaborado durante a Revolução Francesa, a *Declaração* consagrou a visão de que, além da liberdade de votar e seguir livremente suas convicções, o homem tem direito a uma vida digna.

A luta pelos direitos humanos mudou a cara e o mapa do mundo no final do século XX. Com o fim da União Soviética, muitos países do Leste europeu aderiram à democracia. Os países da América Latina, submetidos a décadas de ditadura, viram surgir a partir da década de 1980 presidentes eleitos democraticamente. Entre o final da década de 1980 e o início da década de 1990, sob pressão da opinião pública mundial, desfez-se na África do Sul o vergonhoso regime de segregação racial – o *apartheid*.

Neste início do século XXI, podemos constatar uma porção de melhorias. Em 2008, pela primeira vez na História, um cidadão negro foi eleito presidente dos Estados Unidos: o senador Barack Obama, do Partido Democrata. Em 2010, o Brasil elegeu sua primeira presidenta da República, Dilma Rousseff, do Partido dos Trabalhadores. Mas nossa sociedade ainda tem muitos problemas a solucionar. Violência, desemprego e drogas, por exemplo, são males que atormentam a vida das pessoas, atingindo a todos independentemente da classe social em que estão inseridas.

E QUANTO ÀS CRIANÇAS?

Os direitos das crianças têm recebido cada vez mais atenção. O primeiro passo foi dado em 1959, quando a Assembleia Geral da Organização das Nações Unidas aprovou a *Declaração Universal dos Direitos da Criança*, que consiste em dez princípios:

1. Direito à igualdade, sem distinção de raça, religião, sexo ou nacionalidade.

2. Direito à proteção especial para seu desenvolvimento físico, mental e social.

3. Direito a um nome e a uma nacionalidade.

4. Direito à alimentação, à moradia e à assistência médica adequadas para a criança e a mãe.

5. Direito à educação e a cuidados especiais para a criança física ou mentalmente deficiente.

6. Direito ao amor e à compreensão por parte dos pais e da sociedade.

7. Direito à educação gratuita e ao lazer.

8. Direito a ser socorrido em primeiro lugar, em caso de catástrofe.

9. Direito a ser protegido contra o abandono e a exploração no trabalho.

10. Direito a crescer dentro de um espírito de solidariedade, compreensão, amizade e justiça entre os povos.

Ao longo deste livro, veremos que alguns desses direitos ainda são acintosamente desrespeitados em nosso país. Mas observaremos, também, o outro lado da moeda: a gradual melhora da qualidade de vida de crianças e jovens.

Renato Spencer / JC Imagem

CIDADANIA

O catador de conquistas

Quero fazer uma guerra de paz
Para acabar com tanta dor
Só que em vez de mortos
Terá só amor
As balas de revólveres
Seriam trocadas por solidariedade
Onde um ajudaria o outro
Com amor e bondade

(Trecho do poema "Guerra de paz", escrito pelo universitário ex-catador de papel Klayton Rodrigues de Souza aos 14 anos de idade.)

O universitário de Londrina, no Paraná, Klayton Rodrigues de Souza, transformou em realidade parte de seus sonhos juvenis contando apenas com a força das palavras. Onde quase todos perceberiam só uma existência estéril, violência e privações, ele enxerga vida e busca inspiração para escrever poesias honestas e surpreendentemente otimistas. Não à toa, Klayton conseguiu ser aprovado, em 2008, na UEL (Universidade Estadual de Londrina). O jovem poeta nunca se deixou abater pelas dificuldades da pobreza. Mesmo sem dinheiro para adquirir livros, ele conseguiu montar uma biblioteca (hoje com mais de oitenta títulos) na casa em que vive com a mãe, Bernardete Rodrigues de Souza. Trabalhando como catadora de papel, ela garimpou livros que haviam sido jogados fora e os entregou ao filho. A partir daí, o gosto pela leitura foi aumentando. E do prazer de ler nasceu o talento para escrever. "Eu coloquei o estudo como meta para ter um futuro melhor. A partir da 4ª série,

minha mãe me disse: 'A mãe não pode dar tudo para você que ela queria, mas vou te dar estudo e com estudo você vai mudar sua vida'", lembra o garoto. Sua principal fonte de inspiração são as mazelas do difícil cotidiano pobre, tão conhecido dele, que até os 14 anos de idade ajudava a mãe no árduo ofício de catador de papel. Violência, drogas, guerras, tiroteios, prostituição... São todos temas para ele. Klayton destaca que sua poesia preferida é a que fala do sonho de fazer uma guerra de paz. "É que isso não existe, mas eu fiz. Em vez de colocar a dor da guerra, troquei as palavras por coisas boas", explica o rapaz. "Gosto de falar do dia a dia, da pobreza, dos sentimentos", continua. Mas o que pensa o jovem poeta quando está escrevendo? "Só penso nas palavras", aponta com segurança. A visibilidade conquistada com o talento para a escrita lhe abriu as portas para um bom colégio de Londrina, que ofereceu ao garoto bolsa de estudos, transporte escolar, lanche, uniforme e, o mais importante de tudo, apoio e confiança. Klayton não desperdiçou nenhuma das oportunidades que apareceram e a maior prova disso foi sua aprovação no primeiro vestibular que prestou ("enfermagem, para poder ajudar as pessoas").
No caso de Klayton, o direito de sonhar foi o primeiro passo para o exercício do direito de realizar.

Gilberto Dimenstein. Texto escrito para esta obra, 28 set. 2008.

✕

Ao lado. *A cena é triste e já foi presenciada por todos: crianças, em vez de desfrutarem da infância, vendem balas em semáforos para complementar a renda familiar. Recife, PE, 2006.*

Um menino ou uma menina de rua é mais do que uma criança descalça, magra e malvestida. É a prova do desrespeito à cidadania de todo um país, na qual muitas garantias não saíram da Constituição, isto é, ficaram só no papel.

No futuro, esperamos que crianças que não têm onde morar sejam vistas como hoje vemos a escravidão e os massacres dos indígenas: uma vergonha a ser fortemente combatida, uma mancha na História da humanidade. Até lá, porém, a violência da exclusão social continuará a fazer vítimas inocentes e indefesas.

Personagens sem roteiro

"É uma tremenda contradição. Dar voz no filme aos invisíveis, mas não permitir que vejam seu bairro na tela", diz Caio Blat.

O ator Caio Blat comprou um Fusca, começou a ir a shows de rap, assistiu a cultos evangélicos e até alugou uma casa na periferia para tentar entender como um jovem da periferia é seduzido pelo crime. O cenário dessa imersão de seis meses, concluída no final de fevereiro passado, foi o Capão Redondo, na Zona Sul, um dos símbolos da violência paulistana. "Descobri um outro planeta", conta o ator, morador da avenida Paulista. "Nunca tinha vivenciado com tamanha profundidade o desalento dos jovens." Testemunhar os mecanismos desse desalento, gente sem roteiro na vida, ajudou Caio, um paulistano de 27 anos, que cursou direito no Largo São Francisco, a desempenhar o personagem Macu no filme *Bróder!*. Para ganhar dinheiro rapidamente, Macu planeja um sequestro. "Quando entramos nesse mundo de jovens desorientados, sentimos na pele o efeito da falta de oportunidade", diz ele.

Pelo menos naquele filme, alguns habitantes do Capão Redondo tiveram oportunidade de deixar sua marca. A trilha sonora foi feita pelos Racionais MCs; os diálogos foram escritos pelo escritor Ferréz, que, por ter uma grife, participou da elaboração dos figurinos. Moradores entraram como figurantes ou se tornaram membros da equipe de produção. Um dos principais personagens (Napão) é o Bronx, um rapper local. "O Capão foi tomando conta das gravações." Na sua imersão, visitando famílias, Caio chegou a conhecer um jovem que parecia tirado de seu roteiro. "De repente, estava na frente – ouvindo e tocando – do personagem que eu queria representar."

Caio sabia que o Capão Redondo não teria a oportunidade nem mesmo de assistir ao filme no

››

✕

Ao lado. Nas áreas rurais é onde ocorre a maior incidência de trabalho infantil. Na foto, crianças trabalham em plantação de feijão. Caetés, PE, 2006.

Marcos Michael / JC Imagem

cinema e seria levado a comprar cópias piratas. "É uma tremenda contradição. Dar voz no filme aos invisíveis, mas não permitir que vejam seu bairro na tela." Em suma, o filme seria rodado na periferia, mas visto na avenida Paulista por pessoas que, como o ator, estão longe do cotidiano dos marginalizados.

A primeira decisão foi lançar *Bróder!* no shopping mais próximo daquele bairro – e, a partir disso, tentar realizar sessões gratuitas ou com ingressos a preço popular. Menos de 1% dos moradores da periferia frequenta salas de cinema.

Daquela imersão, o ator trouxe uma experiência de Mano Brown, líder do grupo Racionais MCs, para evitar as cópias piratas. "Como faz seus próprios CDs e cobra um preço popular, o Mano não sofre com a pirataria." Os fãs preferem ficar na legalidade e não deixar o dinheiro com atravessadores clandestinos. Pretende-se, agora, fazer uma cópia do filme com valor semelhante à pirata e, assim, o Capão Redondo estaria ajudando a reescrever a história, tão comum, do crime contra a propriedade intelectual.

Gilberto Dimenstein. *Folha de S.Paulo,* **5 mar. 2008. (Folhapress.)**

Ao lado. *O acesso à cultura e ao entretenimento é, muitas vezes, limitado pelas condições sociais da população. Na foto, crianças de rua brincam na fonte da Praça Rui Barbosa. Belo Horizonte, MG, 2007.*

Vinícius de Oliveira, José Geraldo Rodrigues, Kaique de Jesus Santos e João Baldasserini em cena do filme Linha de passe.

SUGESTÃO DE FILME

LINHA DE PASSE
(Brasil, 2008, direção de Walter Salles e Daniela Thomas)
Quatro irmãos da periferia de São Paulo que, criados só pela mãe, buscam, cada um a sua maneira, caminhos para lidar com a questão de identidade e da ausência paterna. O ponto que os une é a luta diária para conquistar a dignidade a que têm direito.

SUGESTÕES DE SITES

www.dhnet.org.br
Projeto de ativistas pelos direitos humanos que engloba outros países falantes de língua portuguesa.

www.direitos.org.br
Site do Fórum Nacional de Entidades Nacionais de Direitos Humanos, que atua na defesa, promoção e garantia dos direitos humanos.

HTTP://SITES.ATICASCIPIONE.COM.BR/CIDADAODEPAPEL/INDEX.HTML

A cidadania é fundamental para a construção de uma sociedade mais justa. Acesse o site e confira notícias e artigos sobre o assunto.

TODO SER HUMANO TEM DIREITO À VIDA, À LIBERDADE E À SEGURANÇA PESSOAL.

Eduardo Knapp / Folhapress

2 VIOLÊNCIA

DO QUE VOCÊ TEM MEDO?

Das alternativas a seguir, quais são as cinco coisas de que você mais tem medo?

(1) Fantasma

(2) Escuro

(3) Assalto

(4) Reprovação na escola

(5) Separação dos pais

(6) Sequestro

(7) Morte dos pais

(8) Acidente de carro

(9) Acidente de avião

(10) Meninos de rua

(11) Doenças graves

(12) Desemprego

(13) Reprovação no vestibular

(14) Morte

Se você comparar a sua resposta com a de seus colegas, verá que o medo da violência é uma das alternativas mais recorrentes.

Mas nem sempre foi assim. Houve um tempo em que o que mais aterrorizava as pessoas eram monstros e outras criaturas fictícias. Hoje, muitos dos monstros dos jovens são resultado dos problemas sociais brasileiros.

Na década de 1970, a palavra "sequestro" era geralmente ligada a motivos políticos. Por exemplo, na época da ditadura, grupos revolucionários sequestraram o embaixador dos Estados Unidos exigindo a libertação de presos políticos. Raramente esse assunto preocupava a população em geral. Atualmente, são corriqueiras as mais variadas modalidades de sequestro de cidadãos comuns, inclusive o sequestro-relâmpago, que já fez inúmeras vítimas em nosso país.

A paisagem urbana também mudou muito dos anos 1970 para cá: eram poucas as casas com grades, alarmes, cercas eletrificadas e havia poucos condomínios resguardados por sistemas de segurança com tecnologia avançada. Carros blindados, então, eram um privilégio de autoridades importantes. Não era tão perigoso andar nas ruas e as pessoas tinham menos medo de parar nos faróis ou andar sozinhas à noite. Gente comum não sentia a necessidade de aprender técnicas de autodefesa ou a manejar armas de fogo, como acontece hoje em dia.

VIOLÊNCIA

Mas a situação mudou. O tráfico de drogas, que até então era um problema de "vizinhos", como a Colômbia, tomou o Brasil – literalmente – de assalto. O crime organizado agravou muito a violência urbana. Em alguns lugares, ele chega a ser um "poder paralelo", sendo tão ou mais forte que a autoridade legal, como a polícia.

Embora o tráfico de drogas não seja o único fator que causa a violência, a relação é direta. E, nesse ponto, novamente a falta de cidadania gera inúmeras consequências, que, juntas, viram uma bola de neve: o jovem entra no tráfico, já que sem a formação educacional não consegue arrumar um trabalho lícito que lhe garanta um padrão de vida digno. Dentro do tráfico, ele é obrigado a fazer uso da violência, para ser respeitado. É claro que as coisas não acontecem de modo tão simples, afinal, outros motivos como o desamparo familiar e o convívio social também influenciam o jovem a entrar no tráfico. Porém, essa trajetória é comum. E esse é um exemplo de como uma mazela social, a falta de educação para crianças e jovens, pode ter decorrências graves e afetar toda a sociedade, inclusive você.

Esse cenário fez o Brasil conhecer um novo tipo de geografia urbana: pessoas de classe média alta, inconformadas e assustadas com a falta de segurança, as guerras de quadrilhas, os assaltos à mão armada, os confrontos entre polícia e criminosos nos grandes centros, isolam-se em caríssimos condomínios, onde é possível fazer quase tudo sem sair deles, pois há academias, shopping centers, escritórios, consultórios médicos. Esse é um mau sinal: sem promover o desenvolvimento das comunidades em seu entorno, o isolamento dos mais ricos só gera mais desigualdade e insegurança. Prova disso são os constantes arrastões a esses oásis de luxo.

A boa notícia é que em alguns estados as taxas de criminalidade caíram significativamente. O estado de São Paulo, por exemplo, registrou em 2011 a menor taxa de homicídios desde 1999. O índice ainda é muito alto se comparado ao dos países desenvolvidos, mas desde 1999 a queda é significativa, de 71,5%, conforme informações da Secretaria de Segurança Pública do estado divulgadas em janeiro de 2012. Pela primeira vez desde que o levantamento foi iniciado, em 1999, o estado de São Paulo saiu da "zona endêmica de homicídios", modo como a OMS (Organização Mundial da Saúde) identifica as localidades que têm índice superior a 10 homicídios para cada 100 mil habitantes. Se forem considerados os crimes dolosos de trânsito (quando o motorista assume o risco de matar por estar embriagado), São Paulo fechou o ano com 10,01 homicídios por 100 mil habitantes; desconsiderados, seriam 9,86 por 100 mil.

Em julho de 2012, porém, os comparativos com julho de 2011 divulgados pela Secretaria de Segurança Pública de São Paulo apontavam para um aumento na violência, o qual recolocava o estado na "zona endêmica".

Logo, um futuro menos violento para São Paulo depende de um acompanhamento constante da sociedade civil e dos poderes públicos.

O CIDADÃO DE PAPEL

VIOLÊNCIA EM SALA DE AULA

Não é só nas ruas e favelas que a violência se manifesta. Muitas vezes o jovem é vítima onde ele deveria se sentir mais protegido: dentro de casa e em sala de aula.

Quase todo mundo tem uma história para contar sobre depredações do prédio da escola, furtos ou roubos, agressões físicas entre os alunos ou de alunos contra os professores.

A falta de cuidado com o local físico e simbólico da escola é sintoma de dois tristes fenômenos sociais. O primeiro é que a violência na escola é apenas uma extensão das vivências do jovem fora do ambiente educacional, ou seja, ele leva para dentro o comportamento agressivo que vê do lado de fora. Para mudar esse cenário de indiferença e hostilidade, seria preciso que a violência como um todo não fizesse mais parte do mundo do jovem.

O segundo sintoma é óbvio: o jovem não enxerga o prédio da escola como um bem da comunidade. Isso apenas mostra que ele não sente a educação como parte de sua vida. A escola só passará a ser respeitada

✕
Abaixo. *A violência entre os alunos e o vandalismo destroem um patrimônio da comunidade, a escola. Na foto, funcionária limpa restos de vidro depois de depredação de janelas e carteiras pelos alunos. São Paulo, SP, 2008.*

Diego Padgurschi / Folhapress

quando a comunidade participar do seu dia a dia: organizando eventos, feiras, festas e palestras, que devem levar todos os pais e alunos a frequentá-la como um lugar de uso público.

Para reverter esse cenário, no fim dos anos 1990 o governo federal criou o Programa Paz na Escola, que oferece cursos para educadores e policiais aprenderem a lidar com a violência nas escolas e apoia a criação de grêmios estudantis, para que o jovem participe diretamente da luta contra a violência. Desde então, o programa vem sofrendo reformulações, mas o principal da ideia se mantém: desenvolver parcerias para resolver o problema da violência dentro da escola.

O formato desse programa é um exemplo a ser seguido: o Estado capacita a comunidade local para que todos zelem pelo bem-estar da região. Com isso, desperta o sentimento de cidadania na população e propõe um projeto autossustentável, que será levado adiante pela própria comunidade.

A celebridade das três mortes anônimas

A lição por trás dos dados de violência é o modo como as comunidades se organizam em torno de desafios comuns.

Apenas três pessoas foram assassinadas no final da semana passada na cidade de São Paulo, com seus 11 milhões de habitantes. Tão distante dos tempos em que se registravam 60 homicídios nos fins de semana, esse fato transforma aquelas três mortes anônimas em celebridades históricas. Uma das explicações para a estatística é o frio especialmente intenso naqueles dias. Noites geladas são um estímulo para ficar trancado em casa.

O frio teria, entretanto, pouca influência sem a redução contínua do número de assassinatos desde 1999.

Estatísticas divulgadas na quarta--feira revelam que, comparando o primeiro semestre daquele ano com o de 2007, a queda foi de 70,7%. Traduzindo: menos 310 mortes todos os meses, o que equivaleria a menos três tragédias do voo 3054 da TAM a cada dois meses. Em 20 anos de regime militar, foram mortos cerca de 300 opositores políticos.

A situação ainda está longe do aceitável, mas a redução do número de assassinatos na cidade de São Paulo nos dá uma dica não apenas de segurança mas também de administração pública em geral.

As cidades que baixaram o número de assassinatos com intensidade apresentam uma série de características em comum. Uma delas, provavelmente a principal, é o › uso apropriado da informação para concentrar esforços nas áreas vulneráveis.

William Bratton, ex-chefe de polícia de Nova York, foi um dos responsáveis por montar, na cidade, um mapa do crime não apenas bairro por bairro mas rua por rua. Com base nessa distribuição geográfica e em indicadores, os esforços de repressão foram mais bem coordenados e, além disso, os policiais foram avaliados em seu desempenho.

Bratton é agora chefe de polícia de Los Angeles, onde aplicou os mesmos métodos que desenvolveu em Nova York. Mais uma vez, ele está obtendo bons resultados. No final dos anos 1990, São Paulo criou um banco de dados (o Infocrim) inspirado no modelo nova-iorquino – foi justamente quando começou a curva descendente do número de assassinatos.

A grande lição por trás dos dados de violência, útil para qualquer área da administração pública, é o arranjo local – ou seja, o modo como as comunidades conseguem se organizar em torno de desafios comuns. Em Nova York, Los Angeles, Bogotá, Medellín e São Paulo, quanto mais o esforço policial se combina, nos bairros, com programas educativos, melhores os resultados.

Aqui foram as campanhas de desarmamento, as articulações comunitárias pela paz, o aumento da matrícula escolar no Ensino Médio, as escolas abertas nos fins de semana, a diminuição da incidência de gravidez precoce, os projetos de fundações empresariais e de ONGs (organizações não governamentais), o combate ao excesso de consumo de álcool. Nesse ambiente, foi mais fácil lançar os planos de policiamento comunitário.

Já sabemos como os arranjos produtivos locais conseguem fazer pequenos milagres econômicos. Um bairro abandonado do Recife torna-se exportador de software; Piracicaba e Sertãozinho, em São Paulo, recebem romarias de estrangeiros para aprender sobre etanol; uma pequena e bucólica cidade mineira (Santa Rita do Sapucaí) produz invenções como a urna eletrônica.

O que não se conhece ainda é a eficiência dos arranjos educativos locais, capazes de reduzir o crime e de qualificar o capital humano, quando se aprende a gerenciar o que está próximo. Cidades brasileiras pobres, graças a esses arranjos, nos quais se integram diversas áreas de governo, exibem um notável desempenho em saúde e educação.

Por causa dessa teia, algumas delas oferecem educação em tempo integral (o que significa a criança ficar mais tempo na escola do que na rua ou na frente da televisão) com apenas R$ 30 a mais por mês. Com pouco dinheiro, reduzem a incidência de doenças facilmente tratáveis.

A VIOLÊNCIA SÓ DIMINUI COM A AJUDA DA COMUNIDADE LOCAL.

VIOLÊNCIA

>>
Diante da esterilidade de pensar o Brasil apenas por Brasília e pelos palácios de governo – ou de espasmos sem rumo como o movimento batizado "Cansei" –, uma das saídas é apostar no local, repensando o papel dos gestores das cidades, a começar de seus bairros. Assim podemos esperar menos do que está longe e mais daquilo que está próximo e que depende também de nós – isso é a cidade contemporânea.

A sensação de potência dessa proximidade, quando vemos os problemas e os resultados, é o melhor caminho para nunca ficar cansado. Olhar o Brasil apenas dos palácios do governo, seja qual for o governo, é de abater qualquer ânimo.

Gilberto Dimenstein. *Folha de S.Paulo*, 5 ago. 2007. (Folhapress.)

Abaixo. *A violência muitas vezes é punida com medidas ainda mais violentas. Na foto, policial vigia favela carioca. Rio de Janeiro, RJ, 2007.*

VIOLÊNCIA EM FAMÍLIA

A violência familiar é considerada o maior motivo pelo qual crianças e adolescentes deixam suas casas e passam a viver nas ruas. O ato violento pode ocorrer de diversas formas. Quando os direitos básicos como o acesso à escola e assistência à saúde são violados, é uma forma de agressão. E há ainda os casos de violência direta, os maus-tratos, como, por exemplo, a agressão física, psicológica ou sexual. O UNICEF (Fundo das Nações Unidas para a Infância) faz intensa campanha para conscientização da população de que esses maus-tratos são crimes e que denunciá-los é um ato de cidadania e o único modo de salvar as vítimas.

Isabellas clandestinas

Nem toda criança espancada vai para a marginalidade, mas quase todos os marginais passaram pela violência.

Uma equipe de pesquisadores da Unifesp (Universidade Federal de São Paulo) está investigando o comportamento de 800 famílias da periferia de São Paulo – e se deparando com as Isabellas clandestinas, vítimas da violência doméstica que, por causa de sua condição social e da impunidade, não se transformam em notícia. Apesar de as informações ainda serem preliminares, os pesquisadores encontraram 20% de crianças vítimas de espancamentos, asfixia, pontapés ou queimaduras, resultando em lesões ou fraturas. Os dados apenas confirmam um projeto piloto realizado em 2006 por aquela universidade com 90 crianças da periferia, quando foram encontrados resultados semelhantes. É a primeira pesquisa já feita sobre violência doméstica dentro das casas – os dados disponíveis até agora são baseados nos casos que chegam aos hospitais ou às repartições públicas. "O caso Isabella Nardoni[1] é um exemplo extremo desse tipo de agressão", afirma a professora Cristiane Silvestre de Paula, do programa de pós-graduação da Unifesp, que faz parte da equipe de pesquisadores. "Ouço mães dizerem que não estão agredindo, mas educando. Uma delas comentou que queimou o filho com ferro quente para que ele aprendesse a não tirar dinheiro de sua carteira."

---

[1] Isabella de Oliveira Nardoni, de 5 anos, morreu após ter sido jogada do 6º andar de um prédio em março de 2008. O caso gerou repercussão nacional pelo fato de o pai e a madrasta serem os maiores suspeitos. Os dois foram julgados culpados no dia 27/3/10 e estão presos.

>>

VIOLÊNCIA

>>

A Unifesp está aprofundando números já divulgados pelo Lacri (Laboratório de Estudos da Criança), da USP (Universidade de São Paulo), baseados nas mais diferentes fontes, como hospitais, conselhos tutelares e juizados: de 1996 a 2007, foram registrados, no país, 49.481 casos de violência grave cometida por familiares contra as crianças em suas casas. Nesse período, contabilizaram-se 532 mortes. Aquela entidade da USP admite que apenas uma pequena parcela dos casos é denunciada. O assunto, na maioria das vezes, morre no silêncio cúmplice. Daí a importância do estudo da Unifesp, feito de casa em casa, no qual se revela, com mais precisão, o tamanho da epidemia da violência familiar.

Está aqui um dos ovos de serpente da selvageria brasileira: os agressores do futuro são os agredidos do passado, gerando-se um círculo vicioso. Acompanho o assunto da delinquência infantojuvenil desde o final da década de 1980. Nunca (vou repetir, nunca) conheci uma criança agressora que não contasse histórias sobre ter sido vítima de espancamentos dentro de casa.

Nem toda criança espancada vai para a marginalidade, mas quase todos os marginais passaram pela violência ou, no mínimo, foram vítimas dos casos graves de negligência – o que é entendido também como violência.

Neste mês, foi publicado um estudo do Instituto de Psiquiatria de Londres que mostra uma combinação perversa para as vítimas de maus-tratos na infância. A vítima tende a se tornar agressor quando, além do trauma psicológico, sofre de uma falha genética – baixa produção de determinada enzima que ajuda a regular a quantidade de serotonina, molécula que influi no controle da agressão.

Se, como mostra a pesquisa da Unifesp, a barbárie ocorre em 20% dos lares, especialmente da periferia, podemos estimar o tamanho da vulnerabilidade brasileira. No caso dos pobres, a negligência de casa vai se reproduzindo em todos os ambientes, a começar da escola, ganhando dimensão especialmente em comunidades em que a marginalidade é exaltada.

A resultante óbvia desses dados é que um plano de segurança tem necessariamente de envolver programas de educação da família, com visitas de assistentes sociais às casas, além de ampliação da rede de creches, sobretudo nas periferias. Esse tipo de ação mostra resultados animadores, como se registra no programa-modelo de primeira infância no Rio Grande do Sul, no qual uma assistente social é responsável por 25 famílias. É uma alternativa mais barata às creches. Ampliar o olhar para essas questões é a mais importante contribuição do caso Isabella, ao provocar, como nunca se viu, um debate sobre violência doméstica – isso, pelo menos temporariamente, deixou que o assunto não ficasse adormecido.

Gilberto Dimenstein. *Folha de S.Paulo*, 20 abr. 2008. (Folhapress.)

33

COMO CONTER UMA EPIDEMIA DE VIOLÊNCIA DOMÉSTICA?

CRIANÇA VIRA PERSONAGEM DE GUERRA

Foi só na década de 1980 que se constatou que a violência nas grandes cidades brasileiras também vitimava crianças. Em 1989, uma pesquisa do UNICEF revelou que, a cada dois dias, uma criança era assassinada por policiais ou por grupos de extermínio formados por seguranças particulares.

Para assegurar os direitos da criança e do adolescente, na Constituição promulgada em 1988 consta o artigo 227, em que está escrito: "É dever da família, da sociedade e do Estado assegurar à criança e ao adolescente, com absoluta prioridade, o direito à vida, à saúde, à alimentação, à educação, ao lazer, à profissionalização, à cultura, à dignidade, ao respeito, à liberdade e à convivência familiar e comunitária, além de colocá-los a salvo de toda forma de negligência, discriminação, exploração, violência, crueldade e opressão".

Com base nesse artigo, o Congresso aprovou, em 1990, pela Lei nº 8.069, o *Estatuto da Criança e do Adolescente*, que detalha a responsabilidade do Estado, da família e da sociedade no cumprimento de todos esses direitos.

Sensível ao *Estatuto* e impulsionado pela indignação popular, um grupo de parlamentares criou, em 1991, uma CPI (Comissão Parlamentar de Inquérito) para investigar denúncias de violência contra crianças e adolescentes. A CPI do Extermínio de Crianças e Adolescentes, como foi batizada pela imprensa, revelou que a situação da violência contra o menor no Brasil era mais grave do que se imaginava. Àquela altura, eram cometidos quatro assassinatos a cada dois dias, e não mais um assassinato a cada dois dias.

Na divulgação do relatório final, os membros da CPI apresentaram testemunhos de maus-tratos e torturas. Constatou-se que quem praticava tais arbitrariedades – ato de se tomar uma decisão sem respeitar a lei – acabava saindo impune, ou seja, não sofria nenhuma consequência por seus atos.

Em 1996, uma nova CPI, sobre exploração sexual e maus-tratos contra crianças e adolescentes, foi instaurada e revelou que muitos deles, vindos de famílias miseráveis ou de baixa renda, sofriam abuso e exploração sexual.

Entramos no século XXI ainda com dados imprecisos, mas as estatísticas disponíveis permitem concluir que em muitas cidades brasileiras o assassinato continua a ser a principal causa de morte de adolescentes.

Para se ter uma ideia, pesquisa da ONG Viva Rio mostrou que, em 2003, entre 5 e 6 mil jovens estavam envolvidos no tráfico de drogas da cidade. Não bastando já ser esse fato um grave sintoma da exclusão social, entre 1987 e 2001 morreram 3.937 deles em conflitos no tráfico de drogas carioca. No mesmo período, morreram 460 jovens no conflito entre árabes e israelenses. Isso significa que o tráfico matou oito vezes mais. Em artigo acadêmico sobre a violência no Rio de Janeiro, a cientista social Silvia Ramos, do Centro de Estudos de Segurança e Cidadania da Universidade Candido Mendes, afirma que, "pelos dados do sistema de saúde relativos a 2010, com os 50.431 homicídios registrados, a taxa brasileira de homicídios é de 26,6 por 100 mil habitantes. O Brasil se situa entre os seis países do mundo com maiores taxas de homicídio, sendo o quinto em homicídio de jovens de 15 a 24 anos".

Em relação à exploração sexual de crianças e jovens, o cenário também pouco mudou. Segundo a OMT (Organização Mundial do Trabalho), mais de 100 mil crianças e adolescentes são explorados sexualmente no Brasil. Fenômenos como o turismo sexual, que atrai estrangeiros do mundo inteiro atrás de meninas menores de idade, incentivam a atividade ilícita.

Isso mostra que ainda há um longo caminho para que a lei saia do papel e o Estado de fato cumpra sua função: proteger a infância e a juventude brasileira.

PORRE SOCIAL

É muito comum crianças de rua experimentarem drogas muito cedo. Elas logo ficam viciadas, porque entorpecentes como cola de sapateiro e crack aliviam a fome e provocam uma ilusória sensação de poder.

Dependentes das drogas, não conseguem ter uma vida normal, e frequentar a escola, que já era difícil, fica quase impossível. Acuadas, acabam entrando para o crime organizado, comandado por adultos. Muitas viram traficantes e morrem em brigas de quadrilhas.

Mas as drogas ilícitas não são o único vilão da história. Também está presente no cotidiano do jovem o álcool, uma droga lícita.

Indagados sobre os três principais motivos que os fariam mudar os filhos da escola, 16 mil pais, de classes A e B – supostamente bem informados –, listaram drogas (69%), aumento das mensalidades (44%) e pouco rigor na disciplina (32%).

Essa pesquisa, feita pelo Sistema Anglo de Ensino, revela como os pais estão apavorados com o cenário em que os filhos vivem, mas ao mesmo tempo desinformados. Apavorados porque testemunham o aumento do consumo de drogas entre os jovens. Desinformados porque não sabem que, conforme as estatísticas mostram, as bebidas alcoólicas – associadas a acidentes de trânsito e homicídios – provocam mais estragos entre os jovens do que as drogas ilícitas. Mas o consumo de álcool não só é tolerado socialmente como ainda é estimulado pela publicidade.

Eduardo Knapp/Folhapress

As mais bem-sucedidas experiências de prevenção contra o consumo de álcool e drogas em várias partes do mundo não são as que demonizam o ato, mas as que valorizam e enfatizam alegria, amizades, viagens, músicas e livros.

Em 2010, o Ministério da Saúde emitiu um comunicado enfatizando que, de 2002 a 2009, os investimentos na Política Nacional de Saúde Mental (responsável por ações de reabilitação de usuários de álcool e drogas ilícitas) pelo SUS (Sistema Único de Saúde) passaram de R$ 619,2 milhões para R$ 1,5 bilhão ao ano. Todo esse dinheiro poderia ter sido investido nas outras muitas áreas deficitárias no Brasil, como a educação. Mas todo o montante gasto em tratamentos para álcool e drogas enfrenta uma dificuldade adicional ao da grave situação social que o exige: as enormes quantias que as empresas gastam com publicidade de bebidas alcoólicas – só em 2007 a verba foi de R$ 961,7 milhões.

O problema é que estamos no meio de um porre social: governos omissos sem um programa educacional, sociedade tolerante, pais desinformados e publicitários geniais com liberdade para associar a bebida à felicidade.

Ao lado. O comércio de produtos contrabandeados é fortemente reprimido pela polícia. Na foto, camelôs em confronto com a Guarda Civil. São Paulo, SP, 2006.

A CULPA DO CONSUMIDOR

Relacionar a pobreza à violência não apenas é errado como preconceituoso. Uma pesquisa da Secretaria de Segurança Pública do Rio de Janeiro realizada em 2000 mostrou que 81% dos presos entre 18 e 24 anos tiveram seu sustento assegurado pela família e mesmo assim cometeram atos violentos. Ou seja, os números mostram que a violência é, também, cometida pela classe média.

Sabendo disso, a primeira pergunta que passa pela nossa cabeça é: "Se a pessoa tem casa, comida, educação e escola, por que afinal ela cai na vida do crime?".

A resposta para essa pergunta é complexa e envolve muitos fatores, mas, sem dúvida, a propaganda ao consumo tem sua participação. Bombardeados por mídias de todos os lados, muitos jovens assumem "gastar" como lema, nem que, para conseguir dinheiro, seja necessário traficar. O tráfico entre os jovens é muitas vezes mascarado. Sabe aquela pessoa que "arruma" a droga para os outros? Pois é, isso é tráfico e é crime.

Por isso, a solução para esta questão não está apenas no combate ao tráfico, mas também no combate ao uso de drogas. Afinal, se tem quem venda é porque tem pessoas que compram. Precisamos olhar a questão como uma cadeia de causas e consequências. O jovem que morre porque está envolvido no tráfico de drogas só tem esse destino porque há quem incentive essa engrenagem, ou seja, quem compre drogas.

Boa lição de um ex-traficante

Perguntei a João Guilherme Estrella, ex-viciado e ex-traficante que inspirou o filme *Meu nome não é Johnny*, como ele educaria seu filho contra o abuso de drogas. Sua receita: ficar próximo e, sem discursos moralistas ou histéricos, mostrar os perigos do prazer.

A proximidade ajudaria a evitar que o filho, longe da família, visse nos amigos sua única fonte de acolhimento afetivo. "Sou um ótimo contraexemplo do perigo da droga", conta.

Esse foi um detalhe da minha entrevista com João Guilherme. Mas é um detalhe valioso para os pais e educadores preocupados com o abuso de drogas entre os jovens. Estabelecer limites gera conflitos e desgastes, mas é uma das grandes responsabilidades dos pais e educadores não para tolher, mas para assegurar a liberdade. João Guilherme, como mostra o filme, sentia-se um indivíduo totalmente livre, sem limites na família, na escola e na sociedade. Foi descobrir o limite da pior maneira possível. Numa jaula.

O que a história de João Guilherme, amplificada pelo filme, traz à reflexão é que pouco adianta o discurso terrorista ou moralista contra as drogas. E sobre a inutilidade de não se admitir que a droga gera prazer – e só por isso é sedutora. Mas que os pais e educadores não devem nunca temer o conflito com os jovens para que se estabeleçam os limites. Nesse conflituoso aprendizado do limite, o jovem tem mais condições de valorizar a autonomia.

Isso implica inclusive estabelecer limites na própria sociedade. Difícil falar para os jovens do perigo do abuso das drogas quando a publicidade estimula o consumo do álcool. É simplesmente indecente a facilidade com que se associa a bebida à sensualidade e até à saúde. Para o aprendizado do limite sem moralismo nem histeria, o filme deveria ser trabalhado nas escolas. Vale mais do que qualquer sermão.

Gilberto Dimenstein. *Folha Online*, 14 jan. 2008. (Folhapress.)

O EXTERMÍNIO DE CRIANÇAS E ADULTOS MARGINALIZADOS NÃO GARANTE A SEGURANÇA.

PRESENTE É FRUTO DO PASSADO

Está provado que violência gera mais violência. A rua é uma escola preparatória para a criança. No menino marginal esculpe-se o adulto marginal, talhado diariamente por uma sociedade violenta que lhe nega condições básicas de vida.

Por trás de um garoto abandonado existe um adulto abandonado: o garoto abandonado de hoje é o adulto abandonado de amanhã. Nesse círculo vicioso, todos são vítimas – vítimas de uma sociedade que não consegue garantir a paz social.

Entender a infância marginal significa compreender por que uma criança vai para a rua, e não para a escola. Essa é, em essência, a diferença entre o garoto e a garota que estão dentro do carro, de vidros fechados, e aquela criança que se aproxima para vender chiclete ou pedir esmola. É também entender a história do Brasil, marcada pelo descaso das elites em relação aos menos privilegiados.

HISTÓRICO DE AUTORITARISMO E DE MASSACRES

A história do Brasil é marcada pela exploração dos mais fracos pelos mais poderosos. Logo no descobrimento, o colonizador português explorou os indígenas tão verozmente que levou à grande mortalidade desse povo.

Para ocupar a lacuna de mão de obra, entrou na rota a escravidão negra. Juridicamente, o escravo não era considerado ser humano, era apenas uma coisa, um *instrumentum vocalis*, que significa, "instrumento que fala". Ou seja, escravo era coisa, não gente.

Nosso país foi a última nação da América a pôr fim à escravidão. Isso deixou marcas profundas na cultura nacional.

Historicamente, a questão da criança de rua aparece como consequência direta da escravidão.

Em 1906, o chefe de polícia do Rio de Janeiro relatou a existência de "numerosos menores do sexo masculino que, sem amparo e proteção, sem recursos, portanto, que lhes proporcione a subsistência, entregam-se à prática de delitos e vícios". Esses meninos eram filhos de escravos.

Não havia lugar no mercado de trabalho para jovens negros e pobres. Era tamanha a dificuldade que, em 20 de junho de 1888, pouco mais de um mês após a promulgação da Lei Áurea, o Parlamento assinou o decreto de Repressão à Ociosidade, que tinha por objetivo atacar os "vadios" de rua. A saída para a infância carente era o isolamento. Junto com o decreto, foram criados os "asilos correcionais", onde crianças e adolescentes eram confinados. O número de indivíduos aprisionados, em sua imensa maioria negros, mostra que crianças e adolescentes foram levados à delinquência.

São muitas as marcas da escravidão percebidas até hoje na sociedade brasileira. A desigualdade social entre brancos e negros é uma delas. Comprovadamente, negros ganham menos que os brancos, quando ocupam o mesmo cargo. Mas esta não é a única herança, há também o preconceito contra afrodescendentes, muitas vezes associados à marginalidade por autoridades e parte da população. Desde a Constituição de 1988, preconceito é um crime inafiançável. Isso significa que, se alguém for condenado por ofender uma pessoa falando de sua raça, religião, sexo ou orientação sexual, será preso sem poder pagar fiança.

Abaixo. *A Fundação Casa (antiga Febem) nem sempre cumpre a função de ressocializar o jovem infrator. Na foto, internos capturados são levados de volta para a instituição. São Paulo, SP, 2005.*

O significado da tolerância

A tolerância é o respeito, a aceitação e o apreço da riqueza e da diversidade das culturas de nosso mundo, de nossos modos de expressão e de nossas maneiras de exprimir a qualidade de seres humanos. É fomentada pelo conhecimento, a abertura de espírito, a comunicação e a liberdade de pensamento, de consciência e de crença. A tolerância é a harmonia na diferença. Não é só um dever de ordem ética, é igualmente uma necessidade política e jurídica. A tolerância é uma virtude que torna a paz possível e contribui para substituir uma cultura de guerra por uma cultura de paz.

A tolerância não é concessão, condescendência, indulgência. A tolerância é, antes de tudo, uma atitude ativa fundada no reconhecimento dos direitos universais da pessoa humana e das liberdades fundamentais do outro. Em nenhum caso a tolerância poderia ser invocada para justificar lesões a esses valores fundamentais. A tolerância deve ser praticada pelos indivíduos, pelos grupos e pelo Estado. A tolerância é o sustentáculo dos direitos humanos, do pluralismo (inclusive o pluralismo cultural), da democracia e do Estado de Direito. Implica a rejeição do dogmatismo e do absolutismo e fortalece as normas enunciadas nos instrumentos internacionais relativos aos direitos humanos. Em consonância ao respeito dos direitos humanos, praticar a tolerância não significa tolerar a injustiça social, nem renunciar às próprias convicções, nem fazer concessões a respeito. A prática da tolerância significa que toda pessoa tem livre escolha de suas convicções e aceita que o outro desfrute da mesma liberdade. Significa aceitar o fato de que os seres humanos, que se caracterizam naturalmente pela diversidade de seu aspecto físico, de sua situação, de seu modo de expressar-se, de seus comportamentos e de seus valores, têm o direito de viver em paz e de serem tais como são. Significa também que ninguém deve impor suas opiniões a outrem. [...] A educação para a tolerância deve visar a contrariar as influências que levam ao medo e à exclusão do outro e deve ajudar os jovens a desenvolver sua capacidade de exercer um juízo autônomo, de realizar uma reflexão crítica e de raciocinar em termos éticos. [...]

Declaração de Princípios sobre a Tolerância. Aprovada pela Conferência Geral da UNESCO (Organização das Nações Unidas para a Educação, a Ciência e a Cultura). Paris, 16 nov. 1995.

Michel Gomes atua como Sandro, personagem principal do filme Última Parada 174.

SUGESTÃO DE FILME

ÚLTIMA PARADA 174
(Brasil, 2008, direção de Bruno Barreto)
Ficção baseada em fatos sobre a vida de Sandro do Nascimento, menino de rua que sobreviveu à chacina da Candelária e em 2000 sequestrou um ônibus, episódio que foi intensamente coberto pela mídia. O filme retrata como a violência atinge muitas esferas da vida de toda a população e que, muitas vezes, os fatos que vemos na televisão são apenas o cume de um iceberg, fruto da desigualdade social.

SUGESTÕES DE SITES

www.ispcv.org.br
O Instituto São Paulo Contra a Violência tem como objetivo identificar e resolver, em parceria com outras entidades, os problemas que afetam a segurança do cidadão.

www.soudapaz.org
A ONG Sou da Paz trabalha para conscientizar a sociedade e o poder público sobre a gravidade da violência no Brasil. Um dos focos do projeto é "Adolescência e juventude".

HTTP://SITES.ATICASCIPIONE.COM.BR/CIDADAODEPAPEL/INDEX.HTML
Um povo em busca de paz não pode fechar os olhos diante da violência. Acesse o site e confira notícias e artigos sobre o assunto.

TODO SER HUMANO TEM DEVERES PARA COM A COMUNIDADE.

Ivan Carneiro / Arquivo da editora

3 ÉTICA

AFINAL, O QUE É ÉTICA?

Você certamente já deve ter ouvido falar em ética.

Por exemplo, quando ouvimos falar em "Conselho de Ética" do Senado, que é quando um grupo de dirigentes se reúne para julgar se as ações de outro político foram adequadas ou não. Ou então quando o assunto é clonagem humana, há uma grande polêmica sobre a ética (ou sua falta). Mas afinal, o que é ética?

A palavra "ética" vem do grego e significa "o modo de ser", "caráter". Na prática, a ética é a harmonia entre a conduta do indivíduo e os valores da sociedade. Se todo mundo agisse eticamente, em todas as situações, ninguém seria prejudicado. Nesse sentido, a ética, embora não deva ser confundida com as leis, está relacionada com justiça social.

Diferentemente do que muitos imaginam, as pessoas têm de lidar com questões éticas a todo momento: aquele que encontra uma carteira cheia de dinheiro e a devolve ao dono; a pessoa que, no transporte público, dá seu lugar a idosos, deficientes físicos, mulheres grávidas ou com crianças de colo; aquele que sempre joga lixo nos lugares apropriados; aquele que, se o caixa do supermercado der troco a mais, devolve o dinheiro... todos são exemplos de atitudes éticas, que fazem bem à comunidade, protegem seus membros mais vulneráveis e garantem, enfim, um funcionamento harmonioso e justo entre as pessoas.

Abaixo. *A ética se revela em pequenas ações do dia a dia. Na foto, motorista descumpre a lei invadindo faixa de pedestre. São Paulo, SP, 2006.*

76% dos paulistanos admitem já ter jogado lixo nas ruas

Entre os materiais jogados nas ruas, chicletes e papéis de bala lideram. 44% dos entrevistados avaliaram a cidade como "muito suja".

Os paulistanos estão precisando de mais conscientização ambiental. É o que revela um levantamento realizado pela H2R, uma empresa de pesquisas de mercado. Segundo a pesquisa, 76% dos moradores da cidade de São Paulo afirmam já ter jogado algum lixo na rua. Entre os materiais jogados nas ruas, chicletes e papéis de bala lideram, tendo sido essa a resposta de 51% dos entrevistados. Em seguida aparecem bitucas de cigarro e panfletos de imobiliárias e financeiras, com índices de 28%. Latas e garrafas de bebida surgem como resposta de 26% dos entrevistados.

A pesquisa mostra também que, embora 76% dos entrevistados admitam que com esse ato estão contribuindo para a poluição e o entupimento de córregos e bueiros, 44% avaliaram a cidade como "muito suja". Na avaliação de atitudes que incomodam os cidadãos da capital paulista, 38% responderam o ato de jogar lixo nas ruas. Bastante próximo, entre as ações que incomodam, para 35% das pessoas está o ato de fazer necessidades nas ruas. A resposta é superior à que trata das necessidades de animais – 13% afirmaram que isso é o que mais lhes incomoda.

Mea-culpa

Apesar dos péssimos hábitos revelados pelos paulistanos, a pesquisa mostra que eles até fazem mea-culpa. Para 25% dos entrevistados, é de responsabilidade do próprio cidadão não jogar o lixo nas ruas. Mas para outros 16% cabe à Prefeitura providenciar mais lixeiras e, para 10%, mais garis nas ruas. Outras medidas, como ações educativas, estímulos à reciclagem e maior fiscalização e legislação mais eficaz foram outras respostas possíveis, apontadas pelos entrevistados, para lidar com a sujeira nas ruas.

A pesquisa da H2R foi realizada com 450 entrevistados, durante o mês de março, com homens e mulheres, de 14 a 65 anos, das classes sociais de A a D.

Números da pesquisa

76% assumiram que já jogaram algo nas ruas.
24% afirmaram não jogar nada.

Desta base, segue amostra dos materiais que são jogados nas ruas:
51%: chicletes e papéis de balas.
28%: bitucas de cigarro, papéis, panfletos, folhetos de imobiliárias e de financeiras.
26%: latas, garrafas de refrigerantes e bebidas em geral.
21%: embalagens em geral.

››

Abaixo. *Junto com o governo, a população também é responsável pela limpeza dos espaços públicos. Na foto, o motorista é flagrado em atitude antiética jogando lixo pela janela do carro. São Paulo, SP, 1998.*

>>

Dos entrevistados, segue avaliação da cidade sob a ótica dos paulistanos:
44%: "totalmente suja".
36%: "suja".
14%: "nem limpa, nem suja".
4%: "limpa".
0%: "muito limpa".

O que mais incomoda os paulistanos?
39%: "jogar lixo nas ruas, córregos e terrenos baldios".
35%: "pessoas que fazem necessidade nas ruas".
13%: "levar animais para fazerem necessidades nas ruas".
5%: "assoar o nariz na rua".
4%: "cuspir na rua" e "distribuição de panfletos e folhetos nas ruas".

E o que fazer?
25%: "não jogar lixo na rua".
16%: "mais lixeiras".
10%: "jogar o lixo na lixeira".
10%: "mais garis".
7%: "cada um fazer sua parte" e "punir".

Portal G1 com Agência Estado, 15 abr. 2007.

ÉTICA

O "JEITINHO BRASILEIRO"

A falta de ética se manifesta quando você age apenas em benefício próprio. A sua atitude é ética quando é justa com você e com os outros.

No Brasil, a falta de ética até ganhou um nome próprio, do qual muitos brasileiros até se orgulham: o "jeitinho". Quem nunca ouviu histórias de alguém que "comprou" a carta de motorista ou que deu dinheiro para o guarda anular a multa? Confundido com o jogo de cintura, ele muitas vezes incorre em suborno ou corrupção.

Geralmente o "jeitinho brasileiro" implica também injustiça social ao permitir que empresas e indivíduos não obedeçam às leis simplesmente por pagarem suborno ou pertencerem a famílias importantes. Com isso, quem tem dinheiro ou influência acaba acreditando que está acima das leis e das normas. Por isso, quando você for furar a fila da balada só porque conhece alguém importante, lembre-se de que está passando por cima de muita gente.

Falsificar o RG ou a carteirinha de estudante, piratear músicas e filmes da internet, não é apenas antiético, como ilegal. E ser "malandro" e "querer tirar vantagem em tudo" não é legal.

Guerra ao blá-blá-blá dos candidatos

A cidade de São Paulo está dando um exemplo de articulação política, ao lançar uma ofensiva contra o tão costumeiro festival de promessas dos candidatos – é, por enquanto, o fato novo da eleição municipal no Brasil. Nos últimos meses, mais de 500 entidades estão se reunindo em torno do Movimento Nossa São Paulo para propor ideias e projetos para a cidade – criou-se, ao mesmo tempo, um observatório para acompanhar os mais importantes indicadores, de gravidez precoce a emprego, em cada região. Todas essas propostas são entregues, nesta semana, aos candidatos. A campanha publicitária vai bater na tecla do fim da conversa fiada – ou seja, contra o blá-blá-blá. Os indicadores serão divulgados para que se popularizem meios de medir o desempenho do poder público. Nunca se fez nada parecido, em esfera local, no país. É reflexo do amadurecimento da democracia, do aprendizado da articulação comunitária e do cansaço com o caos paulistano – um caos que foi provocado pela conversa fiada dos políticos e, vamos reconhecer, baixa participação da comunidade.

Gilberto Dimenstein. *Folha Online*, 21 jul. 2008. (Folhapress.)

SER ÉTICO É SER UM CIDADÃO CONSCIENTE.

A FALTA DE ÉTICA E O BURACO DA SUA RUA

Um dos problemas do Brasil, junto com a miséria, a violência, o desemprego e a má distribuição de renda, é a falta de ética da classe dirigente do nosso país. Políticos, empresários e magistrados, embora usem bastante a palavra "ética" em seus discursos, muitas vezes não a tiram do papel.

No caso dos políticos, a falta de ética se reflete em ações como uso do dinheiro público para despesas pessoais, como viagens de férias, negociatas com empresas privadas em troca de contratos e o recebimento de propinas, ou seja, qualquer tipo de apropriação do dinheiro público que não seja para reverter em benefício para o povo.

Infelizmente, a falta de ética dos políticos não se restringe ao universo deles. Ela tem repercussões sociais profundas, com consequências que podem alcançar todo o país e se estender por décadas.

Pode-se dizer que a corrupção é um dos principais fatores que mantêm o Brasil em estado de pobreza. Por causa dela, milhões de reais são desviados todos os anos para o bolso dos corruptos, em vez de se destinarem à construção de escolas, hospitais, estradas etc. Enfim, é dinheiro tirado da saúde, da educação, de projetos sociais, do saneamento básico.

O imposto que pagamos não volta para a população em forma de benefícios; ele vai para a conta de quem elegemos para cuidar dele. Sabe aquele buraco que tem na sua rua há um tempão e ninguém vai consertar? Pode ser culpa da falta de ética.

Numa histórica e perversa relação de causa e efeito, os políticos, em geral pertencentes à classe alta, ficam cada vez mais ricos, enquanto os pobres...

> No site **www.atica.com.br/cidadaodepapel** você encontra informações atualizadas sobre este assunto.

Ranking mundial de corrupção*

POSIÇÃO	PAÍS	NOTA
1	Nova Zelândia	9,5
2	Dinamarca	9,4
2	Finlândia	9,4

POSIÇÃO	PAÍS	NOTA
4	Suécia	9,3
5	Cingapura	9,2
6	Noruega	9,0
7	Países Baixos	8,9
8	Austrália	8,8
8	Suíça	8,8
10	Canadá	8,7
11	Luxemburgo	8,5
12	Hong Kong	8,4
13	Islândia	8,3
14	Alemanha	8,0
14	Japão	8,0
16	Áustria	7,8
16	Barbados	7,8
16	Reino Unido	7,8
19	Bélgica	7,5
19	Irlanda	7,5
21	Bahamas	7,3
22	Chile	7,2
22	Catar	7,2
24	Estados Unidos	7,1
25	França	7,0
25	Santa Lúcia	7,0
25	Uruguai	7,0
73	**Brasil**	**3,8**
73	Tunísia	3,8
180	Afeganistão	1,5
180	Mianma	1,5
182	Coreia do Norte	1,0
182	Somália	1,0

Fonte: Transparência Internacional (relatório 2011).
* Neste ranking os países são classificados do menos corrupto ao mais corrupto.

Ao lado. *A CPI (Comissão Parlamentar de Inquérito) investiga as denúncias de corrupção pelos políticos. Na foto, delegado da Polícia Federal e deputado depõem à CPI dos Grampos. Brasília, Distrito Federal, 2008.*

LEVAR VANTAGEM EM TUDO

Como podemos observar na tabela da página anterior, a posição que o Brasil ocupa no ranking da corrupção não é motivo de orgulho nenhum.

Há quem diga que o comportamento corrupto de muitos dirigentes é reflexo da sociedade em que vivemos. Isso quer dizer que, embora a maioria das pessoas critique, faria o mesmo se tivesse a oportunidade.

A ideia de que o importante é levar vantagem em tudo guia o comportamento de boa parte da população. E o pior: quanto maior o grau de escolaridade, maior a tendência do brasileiro a querer agir em benefício próprio. Estudo da UFMG (Universidade Federal de Minas Gerais) mostrou que o fato de uma pessoa ter instrução escolar não significa que tenha retidão moral e ética.

FALTA ÉTICA TAMBÉM NA TEVÊ

Você já assistiu a programas cujo humor era calcado na humilhação ou depreciação das pessoas? Acha engraçado apresentadores que desrespeitam e ridicularizam cidadãos, sejam eles personalidades famosas ou não? Conhece alguém que tenha sido alvo de alguma "pegadinha" de tevê?

Pode até parecer divertido para o espectador a exposição de alguém a situações embaraçosas. Mas é bom que você saiba que esse tipo de abordagem, que muitas vezes excede os limites impostos pelo outro, também tem a ver com a ética: não é justo colocar uma pessoa em situações constrangedoras só porque alguém se diverte com isso.

Nos últimos anos, um debate a respeito da ética tem tomado conta das discussões sobre a programação da televisão. Em grande parte isso se deve ao fato de crianças e adolescentes serem os mais expostos à falta de discernimento da programação das emissoras.

A partir de 2007 foram criadas normas que obrigam as emissoras a classificar seus programas por faixas etárias. Com essa medida, espera-se que os pais tenham maior controle sobre o que seus filhos estão assistindo.

Mas falar de ética na TV vai ainda mais longe. Sua falta é vista também no descumprimento de leis nacionais que exigem de canais abertos a veiculação de conteúdos educacionais, culturais e laicos (ou seja, sem teor religioso).

Outro problema é a especulação política em torno dos horários destinados à propaganda eleitoral. A falta de legislação clara sobre o tema leva a alianças entre partidos políticos muitas vezes opostos, a fim de se ampliar a exposição na TV.

Os atores Fernanda Torres, Lázaro Ramos, Wagner Moura e Camila Pitanga em cena de Saneamento básico – O filme.

SUGESTÃO DE FILME

SANEAMENTO BÁSICO – O FILME
(Brasil, 2007, direção de Jorge Furtado)
Moradores de uma pequena vila produzem um vídeo para conseguir uma verba que o governo federal oferece como incentivo à cultura. O objetivo é desviar o dinheiro para realizar uma obra de saneamento básico na comunidade.

SUGESTÃO DE SITE

www.eticanatv.org.br
O site tem como objetivo zelar pelo respeito aos direitos humanos na programação da televisão. Recebe denúncias e ranqueia os programas que receberam o maior número de reclamações.

HTTP://SITES.ATICASCIPIONE.COM.BR/CIDADAODEPAPEL/INDEX.HTML

Exercer a ética é dever de cada um de nós, exigi-la dos outros é nosso direito. Acesse o site e confira notícias e artigos sobre o assunto.

TODO SER HUMANO TEM DIREITO A ALIMENTAÇÃO, VESTUÁRIO, HABITAÇÃO, CUIDADOS MÉDICOS.

Sérgio Lima/Folhapress

4 MORTALIDADE INFANTIL

A ILUSÃO DOS NÚMEROS

Você certamente já deve ter ouvido falar do PIB, que quer dizer Produto Interno Bruto. E ele é exatamente o que sua sigla diz: a soma de todos os bens e serviços produzidos em um local em determinado período. O PIB pode se referir a um país, a um estado ou até mesmo a uma cidade. É ele que indica o grau de atividade econômica de um lugar.

Durante muito tempo, especialmente na época do regime militar, os governantes brasileiros gabavam-se de que o Brasil tinha o oitavo PIB do mundo, ficando atrás apenas de Estados Unidos, Canadá, França, Inglaterra, Alemanha, Itália e Japão. De acordo com dados de abril de 2012 do organismo The World Bank Group, o Brasil ocupa a sexta posição, ostentada com orgulho por nossos dirigentes. Estamos atrás apenas de Estados Unidos, China, Japão, Alemanha e França, e temos conseguido vitórias importantes na esfera do comércio internacional.

Diz-se que, pelo PIB, é possível saber se um país é desenvolvido ou não. Mas somente esse dado não basta para analisar a economia. Por isso, os economistas utilizam também o PIB *per capita*, que é a soma de tudo o que a economia de um país produz dividida pelo número de seus habitantes.

No entanto, ainda estamos falando de economia, e um país é formado por pessoas de carne e osso. Assim, o PIB *per capita* também está longe de ser satisfatório para uma análise mais realista.

Se, ao invés do PIB, que mede apenas aspectos econômicos, utilizarmos como parâmetro de nosso desenvolvimento o IDH (Índice de Desenvolvimento Humano), que leva em conta uma série de outros fatores importantes para a qualidade de vida, notaremos que ainda há muito a fazer para que o Brasil se torne, de fato, a sexta potência mundial.

Pelo índice do PNUD/ONU (Programa das Nações Unidas para o Desenvolvimento da Organização das Nações Unidas), o Brasil está em 84º lugar de uma lista de 187 países. Seguindo o IDH como referência, os seis primeiros países do mundo mudam bastante de ordem: Noruega, Austrália, Holanda, Estados Unidos, Nova Zelândia e Canadá.

Só teremos uma noção mais exata do desenvolvimento de um país se verificarmos seus indicadores sociais. Muito mais que os indicadores econômicos, são eles que mostram as condições em que a população vive.

Há uma série de estatísticas que apresentam a diferença entre o desenvolvimento econômico e social. A mais reveladora delas é a taxa de mortalidade infantil. Ela revela bastante sobre as condições de saúde de um povo, pois está relacionada com nutrição, saneamento básico e habitação. Esses dados dão uma ideia mais realista do poder aquisitivo da população e de suas condições de vida. Por isso, podemos ver que o orgulho do PIB brasileiro não tem muito sentido.

MORTALIDADE INFANTIL

Acima. *Está mais do que provado que a amamentação diminui consideravelmente o risco de uma criança morrer por desnutrição.*

A VERDADE SOBRE A MORTALIDADE INFANTIL

A taxa de mortalidade infantil é calculada verificando-se, entre mil crianças nascidas vivas, quantas morrem antes de completar um ano de vida.

De acordo com dados do UNICEF (Fundo das Nações Unidas para a Infância), no Brasil, em 1990, essa taxa era de 49 por mil, ou seja, a cada mil crianças que nasciam vivas, 49 morriam antes de completar um ano. Em 2010, conforme o Censo do IBGE (Instituto Brasileiro de Geografia e Estatística), o número baixou para 15,6 por mil.

Tal diminuição foi resultado de intensas campanhas de vacinação, da descoberta de novos medicamentos, da melhoria do saneamento básico, o que ajuda a evitar a transmissão de doenças.

Têm também um papel significativo na redução da mortalidade as campanhas de conscientização sobre a importância do pré-natal e os benefícios da amamentação. Mas ainda são inaceitáveis os números da mortalidade infantil no Brasil, principalmente se os compararmos com o de outros países (*veja tabela a seguir*).

Mortalidade infantil no mundo*

PAÍS	MORTALIDADE INFANTIL EM 1990 (POR MIL)	MORTALIDADE INFANTIL EM 2011 (POR MIL)
Afeganistão	129	73
Alemanha	7	3
Argentina	24	13
Brasil	**49**	**14**
Chile	16	8
China	39	13
Cingapura	6	2
Coreia do Sul	6	4
Cuba	11	5
Eslováquia	16	7
Eslovênia	9	2
Estados Unidos	9	6
França	7	3
Haiti	99	53
Iraque	37	31
Japão	5	2
México	38	13
Noruega	7	3
Portugal	11	3
Reino Unido	8	4
República Tcheca	13	3
Somália	108	108
Suécia	6	2

Fonte: *Commuting to Child Survival: a Promise Renewed: Progress Report 2012*. UNICEF.

BAIXA MORTALIDADE INFANTIL É SINÔNIMO DE DESENVOLVIMENTO.

A tabela ao lado apresenta os números da mortalidade infantil de alguns países em dois momentos: na década de 1990 e em 2008. Podemos ver que muitos países conseguiram baixar sua taxa de mortalidade infantil a níveis considerados aceitáveis. Com relação ao Brasil, apesar da redução significativa dos índices, ela ainda é alta, o que mostra que há muito a ser feito.

Em 2011, o Brasil conseguiu atingir a meta estabelecida pela ONU (Organização das Nações Unidas), quatro anos antes do prazo. O grande avanço obtido entre 1990 e 2011 dá esperanças aos cidadãos de que em breve nosso país vai se orgulhar não só de seus indicadores econômicos como também de seus indicadores sociais.

A DISTÂNCIA ENTRE OS PAÍSES DESENVOLVIDOS E OS PAÍSES SUBDESENVOLVIDOS

A mortalidade infantil e os demais indicadores sobre a infância passam uma imagem mais fiel sobre as diferenças entre os países desenvolvidos e os países subdesenvolvidos.

Como a tabela mostra, os países em desenvolvimento, como o Brasil, invariavelmente possuem taxas de mortalidade maiores que os países desenvolvidos. Isso apenas prova que a taxa de mortalidade infantil pode ser considerada um dos melhores indicadores não só de saúde como também de nível socioeconômico de uma população. Quanto mais baixa, melhor é a condição de saúde da população. Elevadas taxas de mortalidade infantil são quase sinônimo de condições de vida precárias, o que significa: baixa renda familiar, baixa escolaridade e ausência de saneamento básico.

Em 2012, a ONU emitiu um relatório em que afirma que dois milhões de crianças morrem anualmente por diarreia ou pneumonia no mundo. São dois milhões de vidas que poderiam ser poupadas com medidas simples, como o acesso da população a água encanada e sistema de esgoto. No mundo, são 2,5 bilhões de pessoas que não possuem esgoto. E esse número não diminui, apenas aumenta, principalmente nos países subdesenvolvidos.

O CIDADÃO DE PAPEL

Acima. *Crianças pobres são as maiores vítimas da mortalidade infantil. Na foto, túmulos de crianças em cemitérios clandestinos. Somolândia, Goiás, 1996.*

MORTALIDADE POR QUÊ?

De acordo com o UNICEF, em 2011 o Brasil ocupava a posição de número 107 entre os 195 países do mundo no ranking de taxa de mortalidade de menores de 5 anos. O país onde morrem mais crianças com até 5 anos é Serra Leoa, no continente africano, com 185 mortes em mil. E o campeão, o país com a menor taxa — 2 mortes por mil —, é San Marino.

Quando lembramos que o PIB do Brasil é um dos maiores do mundo, é difícil de acreditar que ele ocupe uma posição tão ruim nesse ranking. E é ainda mais difícil de acreditar que as maiores causas da mortalidade infantil sejam tão primitivas: a falta de assistência médica adequada (antes e após o parto) e diarreia.

Se pensarmos um pouco sobre essas causas, veremos que ambas são consequências de mazelas sociais: a falta de um sistema de saúde pública que verdadeiramente auxilie a população carente e a ausência de saneamento básico em muitas partes do país.

Mas esses não são os únicos motivos. Embora as perspectivas sejam otimistas, ainda é grande o número de gestantes que não realizam os exames pré-natais e não amamentam o bebê até os 6 meses, medidas consideradas imprescindíveis na redução da taxa de mortalidade infantil.

É no pré-natal que doenças que podem causar a morte do bebê, como sífilis, diabetes e HIV, são detectadas na mãe. Esse seria o momento de tomar medidas para proteger a criança. Mas em muitas cidades do Brasil, principalmente nas regiões Norte e Nordeste, as gestantes não têm acesso a esse serviço, o que aumenta muito o risco de morte da criança.

Muitas mães, por falta de informação, acabam também não amamentando seus bebês, sem ter ideia da importância dos nutrientes e da proteção que esse alimento, que não custa nada, fornece.

Socorro

Uma equipe de pediatras vem percorrendo escolas públicas da cidade de São Paulo, nas quais se depara com um show de horrores: uma parcela enorme de crianças com problemas de saúde, algumas das quais com doenças transmissíveis. Quase todas essas doenças poderiam ser facilmente evitadas e tratadas, o que revela o tamanho do crime – são pessoas que, por causa disso, terão muita dificuldade de aprender. Se a situação é assim numa das cidades mais ricas do país, imagine no resto. Os dados preliminares estão espantando as autoridades. "É de estarrecer", conta o secretário da Educação da cidade de São Paulo. "Ninguém consegue aprender nessa circunstância, por melhor que seja a escola." Encontram-se muitos alunos com anemia por carência de ferro, o que impede um mínimo de concentração.

Veja a disparidade. Os problemas dos alunos da USP (Universidade de São Paulo), a maioria deles de classe média e alta, conseguem chamar a atenção de todo o país – e não estão nem remotamente perto dos problemas de crianças que são chamadas de burras por falta de um par de óculos ou que estão com a boca cheia de cáries e a barriga repleta de verminose. O remédio sugerido para elas, receitado por um bando de ignorantes, é a repetência para que tomem jeito e estudem melhor. Não é possível que, diante de números tão contundentes, levantados por aqueles pediatras, não se tomem providências imediatas.

Gilberto Dimenstein. *Folha Online*, 5 jun. 2007. (Folhapress.)

COMO O BRASIL DEFENDE AS SUAS CRIANÇAS

O governo vem pondo em prática alguns programas para diminuir a mortalidade infantil, que concedem uma quantia de dinheiro mensal para famílias com crianças menores de 6 anos ou mulheres grávidas que possuam baixa renda familiar. Em troca do benefício, a família se compromete, por exemplo, a realizar a Agenda de Compromissos da Saúde, que consiste em realização do pré-natal, vacinação, acompanhamento do crescimento da criança por profissionais da saúde e atividades educativas em saúde e nutrição.

Um exemplo de redução da mortalidade infantil a ser reproduzido é dado pela cidade de Mogi Mirim, no interior de São Paulo, que foi premiada por suas ações. A cidade usou como estratégia a criação de comitês de investigação da mortalidade infantil, aprimorou a equipe de médicos e desenvolveu programas de incentivo ao pré-natal.

Para combater a mortalidade infantil, é necessária uma grande força-tarefa do governo em várias frentes de programas de educação e saúde. A necessidade de as gestantes fazerem o pré-natal e amamentarem seus filhos deve ser reforçada, já que essas medidas são de vital importância para a redução das taxas de mortalidade. Devem também estar entre as prioridades do governo qualificar equipes médicas e equipar hospitais de regiões carentes. E claro, dar o mínimo de condição de vida para a população: água encanada e esgoto tratado.

Para salvar uma vida

1. A saúde das mulheres e das crianças pode melhorar significativamente se o intervalo entre os partos for de pelo menos dois anos, se as gestações forem evitadas até os 18 anos e se elas se limitarem a no máximo quatro. **2.** Toda gestante deve receber cuidados pré-natais de um profissional de saúde e todos os partos devem ser assistidos por uma pessoa treinada. **3.** Durante os três primeiros meses de vida, a criança deve ser alimentada exclusivamente com leite materno, que supre todas as ›› suas necessidades durante esse período. Entre os 4 e os 6 meses de idade, além do leite materno, devem ser oferecidos outros alimentos ao bebê.

4. Crianças com menos de 3 anos têm necessidades nutricionais especiais. Precisam comer de cinco a seis vezes por dia e seus alimentos devem ser especialmente enriquecidos com legumes amassados e pequenas quantidades de gordura ou óleo.

5. A diarreia, ao provocar a perda excessiva de líquido do corpo da criança, pode ser fatal. Assim, todo líquido perdido deve ser reposto, por meio de grande quantidade de leite materno, sopas, sucos naturais, soro caseiro ou uma bebida especial chamada sais de reidratação oral (SRO). Se a doença for muito grave, isto é, se a criança estiver muito debilitada, são necessários os cuidados de um profissional ou agente de saúde. Também é preciso manter a alimentação para que a recuperação seja completa.

6. A imunização protege contra diversas doenças que podem não só impedir o desenvolvimento normal de uma criança como incapacitá-la e matá-la. Por isso, durante o primeiro ano de vida, a criança deve receber uma série de vacinas (tríplice bacteriana, hepatite B, BCG, entre outras). Ainda, toda mulher em idade fértil deve ser imunizada contra o tétano e a rubéola.

7. A maioria dos resfriados e tosse melhoram sem a necessidade do uso de medicação. Mas, se uma criança com tosse estiver respirando mais rápido que o habitual, ela pode estar com alguma doença mais grave que um resfriado, e é fundamental levá-la de imediato a um centro de saúde. Boa alimentação e a ingestão de grandes quantidades de líquido aceleram a recuperação.

8. Muitas doenças são causadas por germes que penetram pela boca através dos alimentos e do contato com mãos sujas. Isso pode ser evitado com a adoção de medidas simples: a) usar vasos sanitários; b) lavar as mãos com água e sabão após evacuar e antes do preparo ou da ingestão dos alimentos; c) manter limpos os alimentos e a água; d) ferver a água antes de consumi--la, se não for encanada ou tratada.

9. As doenças prejudicam o crescimento das crianças. Durante uma semana após recuperar-se de uma doença, a criança precisa de uma refeição suplementar todos os dias, a fim de recobrar o crescimento perdido.

10. Uma criança sadia cresce, isto é, aumenta de peso e tamanho, principalmente nos primeiros anos de vida. Por isso, do nascimento até os 3 anos de idade, todos os meses o médico deve registrar o peso e a altura dela no cartão de crescimento. Se a criança passar um mês sem ganhar peso, ela deve receber os cuidados de um profissional da saúde.

Adaptado de: *Medidas vitais. Um desafio de comunicação*. Nova York, UNICEF, OMS, UNESCO, FNUAP, 1993.

A MORTALIDADE INFANTIL NÃO PRECISA ESTAR PRESENTE NA VIDA DOS BRASILEIROS.

Vera Fernandes e Francisco Anawake de Freitas em cena do curta-metragem Crianças invisíveis.

SUGESTÃO DE FILME

CRIANÇAS INVISÍVEIS
(*All the invisible children*, França/Itália, 2005, vários diretores)
Composto por sete curtas-metragens de vários países do mundo, o filme tem como fio narrativo crianças com um ponto em comum: excluídas socialmente e vivendo em condições precárias, são privadas de usufruir dos seus direitos na infância. O Brasil tem participação no filme com um curta-metragem da diretora Kátia Lund, que relata a história de Bilu e João, crianças que coletam materiais nos lixos de São Paulo.

SUGESTÕES DE SITES

www.pastoraldacrianca.com.br
A organização promove ações em todo o Brasil zelando pela saúde, nutrição e bem-estar da criança.

www.andi.org.br
Agência de Notícias dos Direitos da Infância, divulga as principais notícias dos direitos das crianças no Brasil e na América Latina. Foi agraciada com o Prêmio UNESCO de 2001 na categoria "Comunicação".

HTTP://SITES.ATICASCIPIONE.COM.BR/CIDADAODEPAPEL/INDEX.HTML

Um país com alto índice de mortalidade infantil é um país sem futuro. Acesse o site e confira notícias e artigos sobre o assunto.

TODAS AS CRIANÇAS GOZARÃO DA MESMA PROTEÇÃO SOCIAL.

Celso Junior / Agência Estado

5 DESNUTRIÇÃO

A GRANDE VIRADA

O nosso organismo não é muito diferente de uma máquina. Um carro com pouco combustível não vai longe. Quando o tanque fica vazio, é preciso abastecê-lo para que ele possa se movimentar. Quem não se alimenta adequadamente tem desenvolvimento prejudicado.

Por longos anos, esse foi um problema que o Brasil teve de enfrentar.

Um dos principais levantamentos sobre desnutrição no país é a PNSN (Pesquisa Nacional sobre Saúde e Nutrição), realizada em 1989, que apresentou um dado chocante: 31% das crianças menores de 5 anos eram desnutridas. Sobre isso, um estudo do UNICEF (Fundo das Nações Unidas para a Infância) afirma: "A maior parte do desenvolvimento físico e mental do ser humano ocorre até os 5 anos de idade. Não há uma segunda oportunidade".

O antigo percentual, felizmente, não se repete hoje. O relatório Saúde Brasil 2009, do Ministério da Saúde, revelou que conseguimos reduzir drasticamente a taxa de desnutrição infantil. Em 1989, tínhamos 7,1% de prevalência de déficit de peso para idade em menores de 5 anos. O dado mais recente que consta nesse relatório, de 2006, apresenta taxa de 1,8%.

Com isso, o Brasil atingiu uma das metas dos Objetivos de Desenvolvimento do Milênio: erradicar a extrema pobreza e a fome, o que levou o país a receber um prêmio da ONU (Organização das Nações Unidas). Hoje, pode-se considerar que a desnutrição infantil é um desafio superado.

O PARADOXO DA DESNUTRIÇÃO

Embora os índices de desnutrição tenham melhorado consideravelmente nos últimos anos (*veja gráfico ao lado*), é importante compreendermos as razões de, por tanto tempo, a população ter sofrido desse mal. Fatores como condições inadequadas de saneamento básico, baixos níveis de educação e serviços de saúde deficientes foram responsáveis por aquele cenário vergonhoso. Mas, acima de tudo, antes as pessoas mais pobres não tinham acesso a alimentos. Isso porque elas simplesmente não tinham dinheiro para se alimentar de maneira adequada e acabavam consumindo produtos de baixa qualidade, ou mesmo não consumindo.

O mais revoltante é que a fome e a desnutrição no Brasil não se devem à escassez de alimentos. Muito pelo contrário, a produção agrícola é mais do que suficiente para suprir as necessidades da população. Pesquisa da FAO (Organização das Nações Unidas para a Agricultura e Alimentação), revela

DESNUTRIÇÃO

que a disponibilidade de alimentos aumentou continuamente no Brasil nas últimas décadas e hoje alcança um patamar de 3 mil quilocalorias por pessoa/dia. Isso representa 24% a mais que o necessário para repor as energias consumidas diariamente por uma pessoa.

Se o país gera uma quantidade mais do que suficiente para alimentar a sua população e ainda assim há um contingente de pessoas mal alimentadas e desnutridas, temos aí um paradoxo: gente passando fome em um lugar onde sobra comida!

Toneladas de comida que seriam destinadas aos mais pobres são desperdiçadas, jogadas fora ou simplesmente acabam estragando em depósitos, porque se perdem no meio do caminho e não chegam às mesas dessa população.

O governo federal vem se empenhando para aumentar o acesso da população aos alimentos, por meio de programas sociais como o Fome Zero, o que reflete na redução do índice de desnutrição no país.

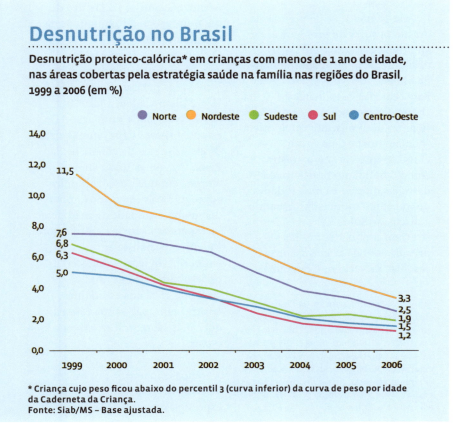

Desnutrição no Brasil

Desnutrição proteico-calórica* em crianças com menos de 1 ano de idade, nas áreas cobertas pela estratégia saúde na família nas regiões do Brasil, 1999 a 2006 (em %)

● Norte ● Nordeste ● Sudeste ● Sul ● Centro-Oeste

* Criança cujo peso ficou abaixo do percentil 3 (curva inferior) da curva de peso por idade da Caderneta da Criança.
Fonte: Siab/MS – Base ajustada.

A tragédia anunciada do cotonete

A relação entre saúde e educação é mais óbvia do que a ausência de ranhuras na pista de Congonhas.

Um dos motivos da dificuldade de aprendizado de crianças e adolescentes é a baixa audição provocada pela cera acumulada no ouvido. Apenas um cotonete faria um milagre: o de devolver--lhes a audição. Essa descoberta foi feita pelo professor de otorrinolaringologia da USP (Universidade de São Paulo) Ricardo Bento depois de realizar, em várias regiões do país, mutirões de saúde.

Estima-se que 18% da população brasileira sofra de problemas auditivos, causados, em parte, pela falta de hábitos rudimentares de higiene.

Para centenas de milhares de crianças e adolescentes, esse detalhe significa não conseguir ouvir direito (ou nem ouvir) o professor.

O milagre do cotonete mostra como o cotidiano brasileiro é feito das mais diferentes modalidades de tragédias anunciadas. Quando a discussão sobre as irresponsabilidades públicas e privadas atinge as elites, como o caso das mortes em Congonhas[1],

vemos um enorme barulho – o que, obviamente, é o certo. Para as tragédias anunciadas dos mais pobres, o barulho é bem menor, revelando uma surdez.

O milagre do cotonete integra uma tragédia anunciadíssima. Milhões de brasileiros (sem nenhum exagero) vão mal na escola simplesmente porque não cuidam de questões elementares de saúde. Assim, afastam-se da chance de um emprego e aproximam-se da marginalidade.

O clínico geral Zyun Massuda convidou um grupo de médicos, orientados pela professora da USP Mileni Ursich, a fazer um mutirão de saúde numa escola estadual (Alves Cruz) num bairro de classe média da cidade de São Paulo – Zyun estudou ali nos tempos em que a escola pública conseguia colocar alunos numa disputada faculdade de medicina.

"É espantoso", afirma a professora Mileni, especialista em endocrinologia, ao conhecer os resultados dos exames.

Cerca de 15% dos estudantes enxergavam mal – uma estatística que, aliás, se reproduz em todo o país.

A equipe comandada por Mileni detectou baixa taxa de glicemia numa expressiva quantidade de alunos.

---

[1] Em 17/7/2007, uma aeronave da TAM ao aterrissar no aeroporto de Congonhas não desacelerou e nem arremeteu e acabou colidindo com um edifício. O acidente vitimou 199 pessoas. Suas causas ainda estão sob investigação, mas uma das hipóteses levantadas é que a ausência de ranhuras na pista, que serviriam para escoar a água e evitar a derrapagem, possa ter colaborado para o acidente.

DESNUTRIÇÃO

Traduzindo: eles estavam em jejum prolongado. Traduzindo ainda mais: extrema dificuldade de concentração devido à fome. O que mais chamou a atenção da equipe foram os 25% dos estudantes que nunca tinham feito um exame médico. "Se tivéssemos aplicado outros exames, encontraríamos mais doenças", aposta Zyun. Está certo. Venho coletando [resultados de] exames de saúde em escolas. Indicam alta incidência de anemia provocada pela falta de ferro (mais um fator que impede a concentração), além de cárie, verminoses e rinite alérgica, sem contar os distúrbios psicológicos como a dislexia. Tais dados levam o ministro da Educação, Fernando Haddad, a afirmar que, sem cuidar da saúde dos estudantes, os esforços de melhoria do ensino estarão comprometidos. Tente, caro leitor, tirar os óculos e ler esta coluna apenas para sentir o tamanho dessa tragédia anunciada – e, para completar, com um dente doendo. Converta, agora, o incômodo em números. Levando em conta que temos cerca de 53 milhões de alunos em escolas públicas e que as deficiências de saúde que dificultam o aprendizado podem atingir pelo menos 40% deles, estamos falando aqui de algo como 21 milhões de estudantes vítimas dessa tragédia anunciada.

O professor tem dificuldade de ensinar, muitas vezes, porque padece de problemas de saúde física e mental, não tratados corretamente. Tudo isso ajuda a explicar o absenteísmo e o desânimo dos professores, duas pragas da educação pública. Para muitos médicos e psicólogos, nada disso que estou escrevendo é novidade. Não é novidade nem mesmo para professores. Na lógica da tragédia anunciada, a relação entre saúde e educação é mais óbvia do que a ausência de ranhuras na pista de Congonhas, mas não é debatida nem gera comoção.

Presenciamos todos os dias tragédias provocadas pela combinação de irresponsabilidade com ignorância. Só no trânsito morrem, por ano, 35 mil pessoas – 194 vezes o número de vítimas do desastre de Congonhas –, sem contar os homicídios. Uma boa parte disso deve-se ao abuso do álcool: mesmo assim, não se consegue limitar a publicidade de cerveja. É como se faltasse um cotonete para melhorar a audição de todo um país e precisássemos de gritos como os dos familiares dos mortos de Congonhas para ouvir.

Gilberto Dimenstein. *Folha de S.Paulo*, 22 jul. 2007. (Folhapress.)

NÃO HÁ UMA SEGUNDA OPORTUNIDADE PARA A CRIANÇA SE DESENVOLVER.

DESNUTRIÇÃO E MORTALIDADE INFANTIL: UM CÍRCULO VICIOSO

Não é raro dizerem que "a principal causa da mortalidade infantil é a fome". Apesar disso, nenhum atestado de óbito traz a fome como causa da morte de uma pessoa. Então, por que se diz que a fome mata?

Na verdade, nesses casos fome significa desnutrição. A desnutrição é resultado de um processo contínuo de carência alimentar. Quando ingere menos calorias (energia) do que o necessário para o seu desenvolvimento, a criança não cresce direito, e seu organismo tem menos condições de enfrentar os inimigos que o invadem na forma de vírus e bactérias.

A *Ascaris lumbricoides*, verme conhecido como lombriga e comum em áreas pobres sem tratamento de água e esgoto, consome até 10% de tudo o que a criança come depois de se instalar em seu organismo. O organismo de uma criança pobre, que já não recebe alimentação adequada, com a lombriga retém ainda menos os nutrientes necessários para sua sobrevivência. Com a ausência desses nutrientes, uma doença comum, como o sarampo – que seria enfrentada facilmente por uma criança saudável –, torna-se fatal para uma desnutrida. Por isso, existe uma relação direta entre nutrição e mortalidade infantil.

Temos aqui mais um círculo vicioso. A criança é fraca porque está mal alimentada, e por estar em tais condições contrai doenças com mais facilidade. Ao contrair doenças, fica ainda mais debilitada, e as doenças atacam com mais força.

Mas a desnutrição não afeta somente as crianças. Como sintoma agudo das desigualdades sociais, ela atinge também os adultos, acarretando as mais terríveis consequências.

Vitórias contra a barbárie

O país acompanha atentamente a redução de mortes no trânsito, depois do endurecimento da fiscalização contra os motoristas que bebem — esse é mais um detalhe de um movimento, espalhado por todo o país, acima dos partidos, contra as mortes estúpidas. São vitórias contra a barbárie de toda uma geração de pessoas que apostaram na educação para a cidadania.

>>

Nada mais estúpido do que as mortes, quase todas facilmente evitáveis de crianças. Poucas notícias são socialmente tão interessantes quanto a queda de 44% da mortalidade infantil nos últimos dez anos. Nesse período, a desnutrição infantil caiu, no Nordeste, 70%.

Aos poucos, a democracia vai ensinando o país a enfrentar a violência – lembre-se de toda a campanha contra o porte de armas – e a miséria, com programas mais focados nos mais pobres. Já temos também metas educacionais de longo prazo. Cada vez mais, imagina-se a escola como um grande centro de articulação de políticas públicas.

As vitórias, medidas em números, contra a barbárie é um dos fatos novos no país, no qual vamos gerando modelos contra a barbárie. É ainda pouco, mas já podemos, aqui e ali, comemorar.

Gilberto Dimenstein. *Folha Online*, 14 jul. 2008. (Folhapress.)

Abaixo. *Muitas vezes, a merenda escolar é a única refeição que crianças carentes recebem durante o dia inteiro. Na foto, crianças recebem refeição fornecida por ONG. São Paulo, SP, 2002.*

DESNUTRIÇÃO DE MÃE PARA FILHO

A desnutrição de uma criança pode começar antes mesmo de ela nascer. Na barriga da mãe, o feto já sofre os primeiros efeitos da desigualdade social. O peso normal de um recém-nascido é de aproximadamente três quilos. Aqueles que nascem com menos de 2,5 quilos têm menor chance de sobreviver. E, quando sobrevivem, apresentam menos condições de se desenvolver bem.

Muitas vezes, a causa do nascimento de bebês abaixo do peso é a desnutrição da mãe. A mulher grávida precisa de cuidados porque, quando fica doente, prejudica a saúde de seu filho. É por essa razão que os médicos proíbem o cigarro e o consumo de bebidas alcoólicas durante a gestação.

A desinformação pode provocar danos irrecuperáveis à saúde da mãe e do bebê. Daí a necessidade de intensas campanhas de informação, uma vez que entre mães sem instrução é bem maior o risco de as crianças nascerem com baixo peso.

Aqui, encontramos outro exemplo de como as mazelas sociais viram uma bola de neve e acarretam muitas consequências. A falta de instrução muitas vezes gera mulheres desinformadas, que acabam não realizando cuidados importantes durante a gestação, como o acompanhamento pré--natal. Falta de escola é sinônimo de falta de informação, e o prejudicado é, não raro, quem não tem nada a ver com a história: a criança. Isso se reflete no número de grávidas que deixam de realizar o acompanhamento médico durante a gestação.

O pré-natal é um direito de toda mulher grávida. É nesse momento que será possível identificar doenças e prevenir a desnutrição do bebê. A *Pesquisa Nacional de Demografia e Saúde – PNDS 2006*, publicada pelo Ministério da Saúde em 2009, apontou que o número de mulheres que fizeram o pré-natal aumentou: em 1996, 47,5% das mulheres grávidas realizaram sete ou mais consultas; em 2006, 77% se consultaram seis ou mais vezes durante a gravidez. Essa é uma ótima notícia no combate à desnutrição. No entanto, o número esconde as diferenças abissais entre as regiões do Brasil. Enquanto nas regiões Sul e Sudeste as taxas em 2006 eram respectivamente 87,5% e 88,2%, a região Norte detinha o menor percentual do país: 64,9%. O baixo número de gestantes que fazem o pré-natal na região Norte pode ter uma relação direta com o fato de que lá estão os maiores índices de déficit de peso para idade do país: 3,3% das crianças menores de 5 anos apresentavam desnutrição, segundo a PNDS 2006. Uma taxa da qual o Brasil não tem nada que se orgulhar.

A DESINFORMAÇÃO PODE CAUSAR DANOS IRRECUPERÁVEIS À SAÚDE.

DESNUTRIÇÃO

O MELHOR ALIMENTO NÃO CUSTA NADA

A falta de informação continua a causar danos mesmo depois que a criança nasce. Está provado que o melhor alimento até os 6 meses de vida é o leite materno. Ele contém tudo de que o bebê precisa, inclusive anticorpos para ajudar a combater doenças.

No Brasil, porém, a maior parte das mães desmama os filhos antes desse período. Segundo a OMS (Organização Mundial da Saúde) e o UNICEF embora 97% das mães comecem a amamentar os bebês, 43% interrompem a amamentação antes dos 3 meses.

A falta de alimentação adequada contribui para os elevados índices de mortalidade infantil no país em razão de doenças que poderiam ser evitadas e com tratamento relativamente barato, como sarampo, diarreia, pneumonia, malária, raquitismo – muitas delas causadas indiretamente pela desnutrição.

O Brasil já fez um grande progresso quando o assunto é amamentação. Por exemplo, hoje contamos com a maior rede de banco de leite humano do mundo. Isso mostra que há uma crescente conscientização sobre o benefício, para mãe e criança, da amamentação. Mas os números ainda preocupam e mostram o longo caminho que ainda temos que percorrer.

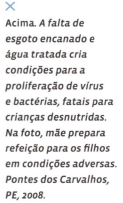

Acima. *A falta de esgoto encanado e água tratada cria condições para a proliferação de vírus e bactérias, fatais para crianças desnutridas. Na foto, mãe prepara refeição para os filhos em condições adversas. Pontes dos Carvalhos, PE, 2008.*

Robertina e sua filha em cena do filme Garapa.

SUGESTÃO DE FILME

GARAPA
(Brasil, 2009, direção de José Padilha)
O documentário mostra a penosa situação de três famílias miseráveis do interior do Ceará. A dura realidade dessas pessoas revela como a desnutrição é apenas uma das tristes consequências trazidas pela pobreza.

SUGESTÕES DE SITES

www.msf.org.br
O site da organização Médicos Sem Fronteiras apresenta todas as ações contra a desnutrição promovidas no mundo.

www.fadc.org.br
Página da Fundação Abrinq pelos Direitos da Criança, entidade que tem como objetivo básico promover os direitos elementares de cidadania das crianças.

HTTP://SITES.ATICASCIPIONE.COM.BR/CIDADAODEPAPEL/INDEX.HTML

A desnutrição condena jovens e crianças ao mau desenvolvimento físico e mental. Acesse o site e confira notícias e artigos sobre o assunto.

TODO SER HUMANO QUE TRABALHA TEM DIREITO A UMA REMUNERAÇÃO JUSTA.

J. R. Ripper / SocialPhotos

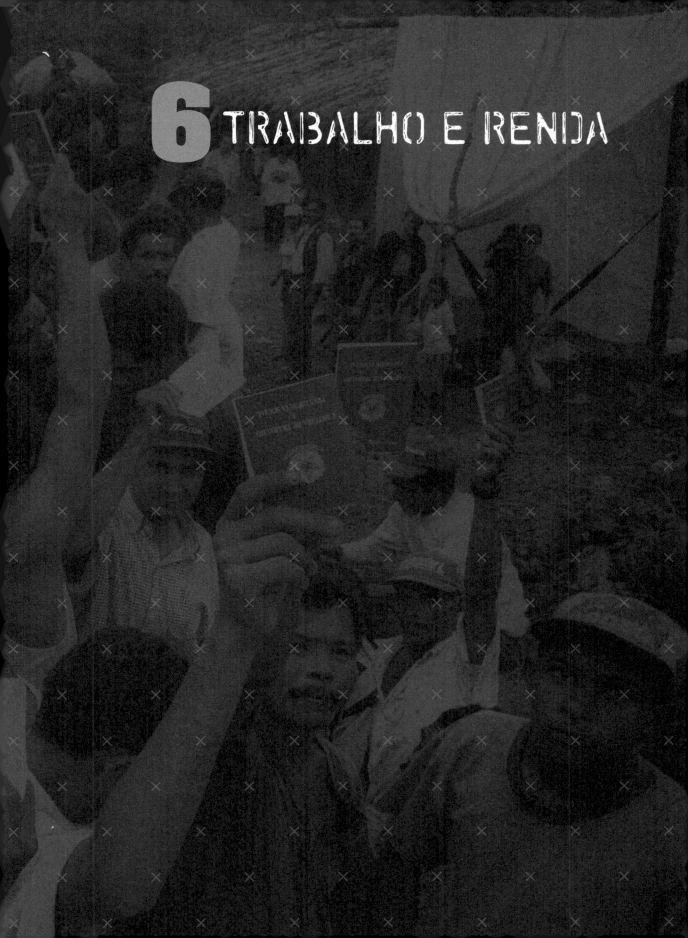

6 TRABALHO E RENDA

O PREÇO DE UM HAMBÚRGUER

Você entra numa lanchonete. Pede um hambúrguer, um refrigerante e batatas fritas. Em uma loja de *fast-food* comum, essa refeição, que parece simples e barata, sairia por cerca de R$ 14 (US$ 6,96)[1]. Mas talvez você não tenha ideia do que significa esse valor para a grande maioria dos brasileiros.

Em maio de 2011, o IBGE (Instituto Brasileiro de Geografia e Estatística) divulgou a informação de que 16,2 milhões de brasileiros viviam em situação de pobreza extrema, ou seja, com até R$ 70 por pessoa da família (o salário mínimo de então valia R$ 545). Esse número, embora venha diminuindo nos últimos anos, ainda é assustador.

Imagine uma família formada por pai, mãe e dois filhos em que apenas o pai trabalha e ganha por mês o equivalente a R$ 622 (equivalente ao salário mínimo de 2012). Chega-se à renda *per capita* dessa família com um cálculo simples: dividimos R$ 622 (US$ 309,45) por quatro, número de membros da família, e teremos R$ 155,50 (US$ 77,36) *per capita*, ou seja, por pessoa.

Neste ponto podemos fazer outra conta: cada integrante da família cuja renda *per capita* é de R$ 155,50 (US$ 77,36) teria condições de comprar durante um mês somente 11 refeições de R$ 14 (US$ 6,96).

Não podemos nos esquecer, porém, de que eles ainda têm de pagar aluguel, transporte, roupa, remédio, água, luz, comida para o resto do mês.

Por incrível que pareça, entre os cerca de 40 milhões de brasileiros que estão abaixo da linha de pobreza, existem os "privilegiados", ou seja, aqueles que não são considerados indigentes (membros de famílias com rendimento *per capita* mensal igual ou inferior a um quarto do salário mínimo).

Um quarto do salário mínimo no Brasil de 2012 (R$ 622, ou US$ 309,45) corresponde a pouco mais de R$ 155,50 (US$ 77,36). Isso significa que um indivíduo de família indigente só poderia fazer a refeição que demos como exemplo (hambúrguer, batata frita, refrigerante) 11 vezes por mês. Por outro lado, há famílias ricas que podem comprar o mesmo lanche três vezes por segundo e ainda ficar com muito dinheiro no bolso. O Brasil é um dos países com a distribuição de renda mais desigual do mundo.

---

[1] Adotamos neste livro a cotação do dólar de 14 de setembro de 2012, que era de R$ 2,01.

TRABALHO E RENDA

DISTRIBUIÇÃO DESIGUAL

A leitura dos números divulgados pelo Censo 2010, do IBGE, aponta para uma redução no nível de desigualdade social do país, mas ainda o mantém entre as nações com distribuição mais desigual do mundo. De acordo com o Censo 2010, os 10% mais pobres detinham apenas 1,1% da renda nacional, enquanto os 10% mais ricos abocanhavam 44,5% dela.

Atualmente, o conceito de democracia significa não apenas direitos políticos iguais (direito de voto, por exemplo) mas também maior acesso à renda nacional. Isso garantiria maiores condições de igualdade.

Acima. *A desigualdade social se reflete na configuração urbana: favelas e prédios luxuosos dividem o mesmo espaço. Na foto, a favela de Paraisópolis rodeada por prédios luxuosos. São Paulo, SP, 2005.*

No site **www.atica.com.br/ cidadaodepapel** você encontra informações atualizadas sobre este assunto.

SONEGAR É PARA POUCOS

Há várias formas de reduzir os desequilíbrios sociais existentes. Os sindicatos de trabalhadores, em suas negociações com os patrões, se esforçam para que os salários sejam maiores. O governo, por sua vez, cobra mais impostos de quem ganha mais e aplica esse dinheiro na construção e manutenção de escolas e hospitais, projetos de irrigação etc. Ou pelo menos deveria ser assim.

Mas existe mais um complicador nesse desequilíbrio social: a sonegação fiscal, ou seja, o ato deliberado de omitir da Receita Federal os ganhos reais com a intenção de pagar menos impostos.

O trabalhador, porém, não sonega, e por um motivo bem simples: o imposto é descontado automaticamente do seu salário. São os empresários ou grandes investidores que têm oportunidade de sonegar. E normalmente o fazem com a intenção de lucrar o máximo possível, nem que para isso seja necessário descumprir a lei. Segundo pesquisas do IBPT (Instituto Brasileiro de Planejamento Tributário) divulgadas em 2009, os tributos sonegados pelas empresas somavam R$ 200 bilhões por ano! Imaginem em quantos benefícios à população esse dinheiro poderia ser revertido se fosse pago e bem utilizado pelo governo.

Um trabalhador de classe média paga, em impostos diretos e indiretos, cerca de 40% do seu salário bruto. É como se ele trabalhasse de graça durante quase cinco meses por ano.

As pessoas, em geral, se ressentem de pagar impostos porque não têm garantia nenhuma de que esse dinheiro será revertido em benefícios efetivos para a sociedade e, muitas vezes, pagam duas vezes por serviços básicos, como educação e saúde. Isso significa que, além de pagar impostos (que deveriam ser revertidos em educação e saúde de qualidade), têm de contratar esses serviços na rede privada, já que grande parte das escolas e dos hospitais públicos no Brasil presta um serviço de péssima qualidade.

A IMPORTÂNCIA DO ORÇAMENTO

Os governantes (presidente, governadores e prefeitos) preparam orçamentos anuais, nos quais informam ao contribuinte como e onde vão gastar o dinheiro que arrecadaram com os impostos.

Na sequência, o orçamento é enviado ao Congresso, Assembleia Legislativa ou Câmara Municipal para aprovação. É quando os políticos fazem emendas, na tentativa de mudar o destino dos recursos, o que, aliás, costuma gerar muitas discussões, pois geralmente há divergências quanto à aplicação deles (cada um busca favorecer seu próprio grupo político).

Quanto mais informado um cidadão, mais ele procura ficar a par de como o governo emprega o dinheiro arrecadado. Quanto mais democrático um país, mais os governantes se sentem obrigados a explicar o uso do dinheiro público e detalhar suas prioridades. Governar é escolher prioridades.

E, por fim, quanto mais responsável e imparcial for a imprensa, mais efetivamente ela investigará os gastos públicos. Descobrirá desperdícios, fato corrente na administração pública, e denunciará a corrupção, que ocorre quando o servidor público desvia o nosso dinheiro: para o bolso dele e dos amigos, por exemplo.

POR QUE SE TEME TANTO A RECESSÃO?

Na década de 1980, tornou-se comum o uso de uma palavra que até hoje aterroriza as pessoas: "recessão". São muitos os problemas sociais enfrentados por um país durante períodos de recessão. Depois de guerras ou catástrofes naturais, certamente é o que provoca danos mais generalizados na vida dos cidadãos.

Para entender o significado dessa palavra, vamos imaginar que todos os dias são produzidas 50 pizzas em uma pizzaria. De repente, a farinha, que é importada, fica muito cara e o dono da pizzaria só consegue produzir 10 pizzas. Com isso, o proprietário vai ganhar menos dinheiro, terá que demitir seus funcionários, que não vão ter renda para gastar com produtos. Agora, imagine essa situação não só na pizzaria, mas no supermercado, na fábrica de sapatos, na lanchonete da sua escola. Isso é a recessão.

Foi o que ocorreu no Brasil, em que se quebrou uma longa e contínua história de crescimento econômico. Depois da Segunda Guerra Mundial, fomos um dos países que mais prosperaram no mundo.

A cada ano, aumentava a quantidade de prédios construídos, assim como de carros, roupas e alimentos produzidos. Durante alguns anos do regime militar, instaurado por um golpe de Estado em 1964, o crescimento do PIB chegou a atingir quase 14% (em 1973), índice até então jamais visto. Nessa época não faltavam empregos. Era o chamado "milagre econômico". Porém, apesar de a economia brasileira se desenvolver em ritmo acelerado, o mesmo não aconteceu com a distribuição de renda. Esse momento de frenético crescimento foi também o que mais aumentou a distância entre ricos e pobres. A política econômica defendia que primeiro era necessário aumentar a renda nacional, para depois reparti-la.

Como o modelo de crescimento brasileiro era baseado em empréstimos internacionais, já no final da década de 1970 o ritmo diminuiu. O Brasil dependia da importação de petróleo e houve um estouro no seu preço com o choque do petróleo em 1974. A dívida do país chegou a ultrapassar US$ 4 bilhões ao ano. E essa situação se arrastou por toda a década de 1980 e chegou aos anos 1990. Em 1997, segundo dados da Fundação Seade (Sistema Estadual de Análise de Dados) e do Dieese (Departamento Intersindical de Estatística e Estudos Econômicos), estimava-se em 16,6% a taxa de desemprego na Grande São Paulo. Calculava-se também que dois terços da população adulta brasileira viviam da economia informal, ou seja, exercendo atividades profissionais sem garantias trabalhistas.

QUAL A ORIGEM DESSA TRAGÉDIA?

Até o início dos anos 1980, o Brasil tinha facilidade para pegar dinheiro emprestado de outros países. O problema é que os militares que governavam o país na época tomavam emprestado e gastavam cada vez mais e não se preocupavam em pagar o que deviam. Investiram em obras grandiosas e caras. Construíram usinas nucleares e hidrelétricas e ousaram até abrir uma estrada no meio da Amazônia, a Rodovia Transamazônica. O Brasil se transformou num imenso canteiro de obras.

De repente, os banqueiros fecharam a torneira do dinheiro fácil. E o cidadão comum, sem a ajuda de instituições financeiras, foi obrigado a apertar o cinto, pois havia uma dívida grande a ser paga. Com a economia do país desacelerada, menos profissionais eram necessários para colocá-la em funcionamento. Com isso, o desemprego atingiu profissionais de todos os setores.

Para definir a situação econômica do país, criou-se a palavra "estagflação", mistura de estagnação (o mesmo que "ficar parado") com inflação.

Muitos países, embora convivessem com a inflação, conheceram algum crescimento econômico. Outros enfrentaram a recessão, mas sem inflação. O Brasil teve de lidar, por muito tempo, com as duas situações juntas.

O desemprego dos idiotas

Uma pesquisa da CNI (Confederação Nacional da Indústria), que acaba de ser divulgada, informa que inúmeros setores da economia estão desesperados à procura de mão de obra qualificada. Não estamos falando aqui de doutores, mas de qualificações simples. Esse é o desemprego dos idiotas. É preciso muita idiotice pública (muita mesmo) para chegarmos nessa situação em que há um imenso número de desempregados, especialmente jovens, e uma não menos imensa demanda por trabalhadores com um mínimo de preparo. Além do drama humano dos batalhões de marginalizados, temos um nada desprezível impacto no crescimento econômico. Sem contar que, com melhor educação profissional, se conseguiria distribuir mais a renda.

O desemprego dos idiotas ocorre, entre outros motivos, porque se dá mais atenção aos cursos superiores tradicionais, os quais, muitas vezes, são de péssima qualidade e cuja empregabilidade é baixíssima. Isso com estímulo oficial que dá bolsa a alunos mais pobres para cursarem faculdades medíocres. Para reduzir esse problema, bastaria conhecer as vocações econômicas locais e preparar mão de obra para elas, acrescentando ensino profissionalizante ao ensino regular. Tudo isso pode ser feito com a ajuda dos recursos de educação a distância. Nada disso é novidade e já temos, no Brasil, vários casos de sucesso. É muito mais barato um curso superior para tecnólogo do que a graduação normal. Mas muitos jovens não sabem disso na hora de prestar o vestibular.

O melhor que se pode fazer pela inclusão de verdade dos jovens é ampliar a oferta de ensino profissionalizante, transformando as escolas de Ensino Médio numa porta de saída ao mercado de trabalho.

Gilberto Dimenstein. *Folha Online*, 7 out. 2007. (Folhapress.)

EFEITOS POLÍTICOS

Desemprego e preços em alta refletem na política. Em 1964, por meio de um golpe ditatorial, os militares derrubaram o presidente João Goulart e assumiram o governo do Brasil. Anularam direitos como o da liberdade de imprensa e o da organização de classes de trabalhadores; prenderam, torturaram e assassinaram líderes políticos. Porém, houve uma fase em que conquistaram alguma popularidade, na década de 1970, período do milagre econômico. Aos poucos, entretanto, a crise econômica começou a ficar clara: a inflação subiu a níveis jamais conhecidos na história do Brasil. Era a recessão chegando.

No começo da década de 1980, a população brasileira se encontrava sem liberdade política, já que o voto direto havia sido abolido, e em difícil situação econômica, com alta taxa de desemprego e aumento incessante dos preços. A insatisfação era geral. Em 1984, esse descontentamento provocou uma das maiores manifestações de rua já vistas no Brasil, o movimento "Diretas Já", pelo voto direto. Foi o ponto alto de uma luta em defesa dos direitos do cidadão. Pretendia-se mudar os rumos do país a começar pelo direito de escolha, pelo voto direto, do presidente da República.

Fenômeno semelhante de manifestação popular ocorreu em 1992, quando a população clamou pelo afastamento do então presidente da República Fernando Collor de Mello, acusado de corrupção. A campanha foi tão intensa que o Congresso acabou aprovando o *impeachment* (processo que destitui o governante do poder) do presidente. Collor teve de deixar o poder até o julgamento final no Senado e, ao perceber que ali também seria derrotado, renunciou.

Mas o que de fato derrubou esse presidente? Collor se elegeu com a promessa de salvar os mais pobres, a quem chamava de "descamisados". Suas decisões econômicas, porém, resultaram na combinação de preços altos com pouco emprego.

Em 1990, primeiro ano de seu mandato, o PIB (Produto Interno Bruto) foi de 4% negativos. Em 1992, ano em que ele deixou a presidência, de 1% negativo.

Tais números se traduziram no aumento da miséria. E, de novo, a crise econômica ajudou a impulsionar movimentos de rua e a pôr na presidência Fernando Henrique Cardoso. Ele foi favorecido pelo fato de, já em 1993, no governo de Itamar Franco (vice-presidente de Collor que, após o *impeachment*, assumiu a presidência do país), a economia ter voltado a crescer, reduzindo as tensões sociais. Durante seu governo, Fernando Henrique conseguiu combinar inflação baixa com algum crescimento econômico.

Em 2002, o sindicalista Luiz Inácio Lula da Silva foi eleito presidente da República, em meio à desconfiança dos empresários e ao entusiasmo dos eleitores. Por ser um político ligado à esquerda, muitos temiam uma administração radical que jogasse o país no caos econômico.

Frustrando muitos de seus eleitores, Lula seguiu a postura do governo anterior, de alinhamento com o FMI (Fundo Monetário Internacional), sem realizar muitas de suas promessas de campanha. Os números da economia em seu governo se mantiveram razoáveis e os programas assistenciais, como o Bolsa Família, tiraram milhões de brasileiros da linha de indigência. Porém, os números da pobreza, que contabilizam por volta de 40 milhões de brasileiros, ainda é absurdo, o que mostra que há muito a ser feito.

TRABALHO E RENDA

O EFEITO NAS INSTITUIÇÕES DE ENSINO

Quando a recessão se instala, caem os números da produção de um país, em decorrência da queda nas vendas. E, se as lojas não vendem, é claro que as indústrias não fabricam, o que gera a diminuição dos impostos arrecadados pelo governo.

Essa queda já teve um efeito direto no nível das instituições de ensino mantidas com recursos públicos: os professores são mal remunerados, as instalações se deterioram, bibliotecas e laboratórios ficam defasados. As escolas dispõem de pouco dinheiro para pesquisa e desenvolvimento tecnológico.

Abaixo. *O descaso com a educação se reflete até na ausência da coleta de lixo. Na foto, sacos se acumulam no corredor, em escola estadual de Mauá, SP, 2009.*

Ao lado. *Extinguir a exploração da mão de obra infantil é uma das principais metas do Bolsa Família. Na foto, menina de 12 anos trabalha em garimpo de ametista. Ametista do Sul, RS, 2008.*

A INCLUSÃO DIGITAL É TAMBÉM INCLUSÃO NO MERCADO DE TRABALHO.

O IMPACTO DA GLOBALIZAÇÃO

Uma nação funciona como a sua casa. Se seus pais ganharem razoavelmente bem, poderão trocar de carro, comprar boas roupas, ter computador, assinar tevê a cabo, viajar, reformar a casa. Caso contrário, sua família não vai viajar nas férias, o carro raramente será trocado, você não terá roupas novas e, sem computador, será um excluído digital.

Nos anos 2000, o Brasil teve um importante ciclo de crescimento. Mesmo assim, as taxas são inferiores ao necessário para absorver a mão de obra disponível. Com a globalização, que na prática significa maiores facilidades de importar produtos, aumentaram a competição e o risco de desemprego.

O que acontece com a globalização é que, muitas vezes, o produto que vem de fora custa menos do que o produzido aqui. Logo, o que se produz localmente acaba sendo adquirido por menos consumidores, o que gera menos renda para a empresa; isso ameaça o emprego dos trabalhadores. As fábricas fecham ou reduzem o número de funcionários.

Por outro lado, a tecnologia também gera empregos com a abertura de vagas em funções até então inexistentes. Muitos trabalhadores, contudo, não conseguem se atualizar e ficam marginalizados, já que, sem estudo, não absorvem as novas tecnologias.

BOLSA FAMÍLIA

O programa Bolsa Família integra o Plano Brasil Sem Miséria e é uma iniciativa do governo federal para assegurar que brasileiros com renda familiar *per capita* inferior a R$ 70 mensais tenham a sua alimentação assegurada. Para receber este benefício, as famílias que possuem filhos de até 17 anos devem obrigatoriamente garantir e comprovar que eles frequentam a escola. Imaginou-se que, assim, esses jovens não engrossariam as estatísticas educacionais de evasão escolar e que teriam mais chances de conseguir um emprego no futuro. Faz sentido?

Uma série de dúvidas pode ser levantada a respeito da diferença que mais dois ou três anos em uma escola de má qualidade fariam na conquista de um emprego, especialmente nas regiões metropolitanas, onde se exige mão de obra mais qualificada. Mas não se pode negar que o novo benefício faz sentido se o objetivo final das bolsas for dar autonomia aos indivíduos, e não fazê-los eternamente dependentes de assistência pública.

Balanço divulgado pelo Ministério do Desenvolvimento Social em julho de 2012 sobre o programa Bolsa Família trazia números otimistas: eram cer-

Caio Guatelli / Folhapress

ca de 13,5 milhões de famílias beneficiadas, o que representava por volta de 52 milhões de pessoas, de acordo com a Cepal (Comissão Econômica para a América Latina e o Caribe). Ao ler o perfil dos favorecidos, tem-se a satisfação de perceber que os recursos são realmente destinados a quem mais precisa. Contudo, é impossível deixar de temer pais e mães que fariam desses filhos uma fonte de renda.

O governo alega que está providenciando uma série de programas em busca de uma porta de saída, ou seja, de condições de o indivíduo não depender mais de favores oficiais. Fala-se em conjugar vários projetos, desde aulas de alfabetização, passando pelo microcrédito, até a capacitação profissional. Mas, mesmo que tais programas sejam eficientes, quantas pessoas realmente deixarão de ser dependentes dos recursos do Estado?

É certo que, para o governo, não interessa dar uma resposta com clareza. O perfil divulgado dos beneficiários das bolsas sugere que, para muitos deles, em geral incapazes de ler e entender um texto simples, dificilmente haverá porta de saída.

Há, ainda, multidões de brasileiros cujas doenças não tratadas fizeram com que perdessem as condições de saúde necessárias para se manterem empregados. A despeito do crescimento das oportunidades de emprego, pessoas com tais carências têm dificuldades de ingressar no mercado formal de trabalho. Esses dados demonstrariam, então, que o programa Bolsa Família não é eficaz? Não, não é isso, mas certamente a situação é mais complexa do que eles contam.

A ESCRAVIDÃO NÃO FOI ABOLIDA

Ao lado. O trabalho escravo foi abolido em 1888, mas continua existindo em algumas regiões do Brasil. Na foto ao lado, após serem resgatados pelo Ministério do Trabalho, trabalhadores são devidamente registrados, em Senador José Porfírio, PA, 2001.

Quando pensamos em escravidão, nos vêm à cabeça imagens do século XIX, quando os negros ainda eram escravizados. Infelizmente essa situação não ficou no passado, como deveria ter acontecido.

Embora a escravidão tenha sido abolida há mais de 100 anos, na prática ela ainda ocorre no Brasil. Segundo o Ministério do Trabalho, no período entre 1995 e março de 2012, 42.116 trabalhadores foram resgatados de trabalho escravo. Mais comuns na área rural, eles são forçados a ficar nas propriedades até saldarem a dívida feita com a compra de alimentos, roupas e equipamentos usados no trabalho. Como não têm como quitar essa dívida, permanecem escravizados até serem resgatados pelo Ministério do Trabalho. É uma situação vergonhosa e inadmissível em pleno século XXI, depois de todos os direitos conquistados pelos trabalhadores.

Um oásis de emprego para jovens

Quem estiver interessado em modelos para geração de empregos para jovens – um dos grandes problemas nacionais – deve prestar atenção na cidade de Indaiatuba, uma região industrial no interior de São Paulo, próxima de Campinas. Lá se criou uma espécie de oásis para emprego juvenil.

A prefeitura já tinha uma escola técnica em parceria com o governo federal, aproveitando as vocações econômicas locais, de onde 98% dos alunos saíam empregados; os 2% restantes só não pegavam emprego porque não queriam, oferta não falta.

A cidade foi mais longe, ao fazer uma parceria com o governo estadual, mais uma vez orientada pelas vocações da região. Fizeram uma lista das demandas das empresas e montaram-se cursos técnicos dentro das escolas estaduais, aproveitando espaço ocioso, com ensino a distância combinado com monitoria presencial – esse modelo é inusitado, já que mistura a formação técnica com o ensino regular.

É mínima a chance de um jovem, uma vez formado, ficar sem emprego. Agora que se discute a expansão do ensino técnico, já que muitas empresas reclamam de falta de mão de obra qualificada. Além disso, o governo federal lançou uma polêmica ao pedir a remodelação do bilionário Sistema S (Sesi e Senac), a pequena cidade de Indaiatuba aparece com um interessante modelo de tecnologia social.

Poucos problemas são tão relevantes no país como melhorar a produtividade das empresas e incluir os jovens no mercado de trabalho.

Gilberto Dimenstein. *Folha Online*, 11 maio 2008. (Folhapress.)

O JOVEM TRABALHADOR

O ENSINO TÉCNICO PODE SER A SOLUÇÃO PARA O DESEMPREGO.

A estagflação foi mais cruel com os mais fracos. Ela jogou sem piedade crianças e adolescentes nas ruas e no mercado de trabalho em crise. O resultado: agravou o que já era grave.

Em 2010, segundo o último censo do IBGE, havia no país 3,4 milhões de crianças e adolescentes de 10 a 17 anos trabalhando. Dez anos antes, em 2000, eram 3,9 milhões de trabalhadores entre 10 e 17 anos. Embora seja um número em declínio, há que se notar a lentidão na queda do índice, o que demonstra a importância de se mobilizar contra o trabalho infantil.

Se os direitos dos trabalhadores adultos não são respeitados, o que dizer dos direitos da criança trabalhadora? O adolescente que trabalha oito

TRABALHO E RENDA

Acima. *A mão de obra qualificada é cada vez mais valorizada no país. Na foto, alunos de Escola de Formação Profissional. Caxias do Sul, RS, 2004.*

ou mais horas por dia não tem tempo para estudar e acaba empregando muito esforço por pouco: a remuneração de dois terços desses jovens não ultrapassa um salário mínimo.

Tem-se aqui novamente um círculo vicioso. Eles ganham pouco porque têm formação precária, e não têm condições de melhorar sua formação porque trabalham em tempo integral.

Neste sentido, o Ensino Técnico acaba sendo uma boa saída para muitos jovens de baixa renda. O curso técnico capacita o aluno com conhecimento teórico e prático em diversas áreas do setor produtivo. Ele facilita, muitas vezes, o ingresso do estudante no mercado de trabalho e ao mesmo tempo garante que ele conclua o Ensino Médio. Os cursos técnicos são um incentivo ao estudo e ainda ajudam na conquista do primeiro emprego.

Um Brasil que nunca tinha visto

Os governantes saberão gastar melhor o que eles arrecadam para gerar menos esmolas e mais empregos?

Foi lançada, em 2005, uma campanha na cidade de São Paulo para que os motoristas não dessem dinheiro às crianças que pediam esmola nos semáforos, baseada no argumento de que esse tipo de auxílio dificulta tirá-las das ruas e, ao mesmo tempo, sustenta quadrilhas de adultos.

Como era previsível, a ideia nasceu cercada de desconfiança tanto sobre a possibilidade de as pessoas mudarem de atitude como, principalmente, de o governo oferecer, em contrapartida ao fim da esmola, um melhor atendimento a 4.030 crianças, que, naquele ano, moravam ou trabalhavam na rua.

A Fipe (Fundação Instituto de Pesquisas Econômicas), ligada à Universidade de São Paulo, concluiu em 2007 um novo recenseamento e computou 1.842 crianças vivendo ou trabalhando nas ruas. Ainda é muito, mas a queda é de 54%.

A mudança da paisagem das ruas paulistanas é uma das traduções possíveis da estatística divulgada, na semana passada, pela Fundação Getúlio Vargas do Rio, sobre os miseráveis no país, cuja redução, de 2005 a 2006, foi de 5,9 milhões de pessoas.

Para muita gente da elite, que vive trancada em condomínios, trafegando em carros blindados e frequentando os shoppings, talvez, a única forma de traduzir a estatística da miséria sejam as crianças nos semáforos. Há algo ainda mais profundo por trás desse fato: nunca tivemos tanta oportunidade de enfrentar com mais intensidade a pobreza, mesmo em comparação com o nosso período de crescimento econômico mundialmente invejado.

Seria uma leviandade estabelecer uma relação direta de causa e efeito entre o aumento da renda, a redução da população miserável e a população de rua. No caso paulistano, certamente, pesou a mudança de atitude dos motoristas, apesar de ainda tímida, de não dar esmola.

Pesou mais um programa municipal, inspirado no Chile e no México, de uma ação não só com as crianças mas com seus pais, oferecendo-lhes uma série de serviços complementares – e, no limite, acenando com o risco da perda da guarda do filho ou de processo aos adultos que exploram a indústria da esmola.

Juntaram-se elementos como o aumento da renda dos mais pobres, uma presença maior de assistentes sociais nas ruas, a ação em rede com as famílias e, enfim, a diminuição do número de pessoas dispostas a dar esmola – e, assim, se obteve um resultado que, até há pouco tempo, quase ninguém acreditava ser possível. A razão pela qual escrevo que nunca tivemos tanta oportunidade de reduzir a pobreza é a confluência, ››

TRABALHO E RENDA

>>

inusitada, de uma série de tendências favoráveis. Tantos são os fatores, originários de tantas articulações espalhadas pelo tempo e nos mais diferentes lugares, que seria uma asneira apontar um único autor – ou mesmo um punhado de iluminados – para as mudanças.

Combinam-se inflação baixa, crescimento econômico, maior escolaridade, menor taxa de fecundidade, elevação do salário mínimo e distribuição de recursos para quase a totalidade das famílias mais pobres.
A escolaridade ainda não está num nível civilizado, muitíssimo menos sua qualidade. Na média, a taxa de filhos por mulher é boa, mas esconde o fato de que, entre as mais pobres, a estatística é indecente.
Todos esses fatores juntos, entretanto, são potencializados quando estão apoiados em políticas públicas menos ineficientes.
Baixa fecundidade significa menos demanda por vagas nas escolas, o que abre espaço para mais investimentos em qualidade.
É possível até mesmo disseminar, com menos dificuldade, a educação em tempo integral em bairros pobres, além das creches. Mais escolaridade significa menor incidência de gravidez precoce porque as adolescentes começam a ter outras perspectivas de vida –

se o poder público consegue oferecer mais acesso a métodos anticoncepcionais, atingem-se resultados com mais rapidez, como demonstram experiências de planejamento familiar pelo país. Some-se a isso que estamos produzindo bancos de dados detalhados sobre a realidade social, permitindo, assim, aprimorar o foco e estabelecer as metas.

Existem experiências de baixo custo, ilhas de excelência que oferecem tecnologias sociais capazes de acelerar a redução da pobreza. O problema é saber se, diante de tantas ondas favoráveis, o país vai conseguir forçar os governantes a fazer com que as ilhas de excelência em gestão pública não sejam apenas ilhas.
E mais: se saberão gastar melhor o que arrecadam para que gerem menos esmolas e mais empregos.
Mesmo com todas as desconfianças sobre os governantes e nossa distância de um mínimo aceitável de civilidade, esse é um Brasil que nunca tinha visto – e, sinceramente, duvido de que alguém já tenha visto.
Só vamos mostrando que a democracia, com todos os seus defeitos, é o melhor mecanismo para gerir conflitos e produzir desenvolvimento.

Gilberto Dimenstein. *Folha de S.Paulo*, 23 set. 2007. (Folhapress.)

Lázaro Ramos e Miriam Pires em cena do filme Quanto vale ou é por quilo?

SUGESTÃO DE FILME

QUANTO VALE OU É POR QUILO?
(Brasil, 2005, direção de Sérgio Bianchi)
O filme faz uma analogia entre a escravidão e o atual cenário brasileiro para mostrar que as coisas pouco mudaram. Entre as muitas críticas, o roteiro foca a exploração da miséria pelo marketing social, que forma uma solidariedade de fachada.

SUGESTÕES DE SITES

www.ipea.gov.br
O Ipea (Instituto de Pesquisa Econômica Aplicada) é a fundação ligada ao governo responsável pelos estudos que direcionam os programas de desenvolvimento do país.

www.cidadeescolaaprendiz.org.br
Página da ONG Cidade Escola Aprendiz, que atua na pesquisa, no desenvolvimento e na disseminação de novas metodologias de ensino e aprendizagem.

HTTP://SITES.ATICASCIPIONE.COM.BR/CIDADAODEPAPEL/INDEX.HTML

Trabalho digno e remuneração justa são direitos de todo cidadão. Acesse o site e confira notícias e artigos sobre o assunto.

TODO SER HUMANO TEM DIREITO À LIBERDADE DE LOCOMOÇÃO E RESIDÊNCIA.

Lalo de Almeida / Folhapress

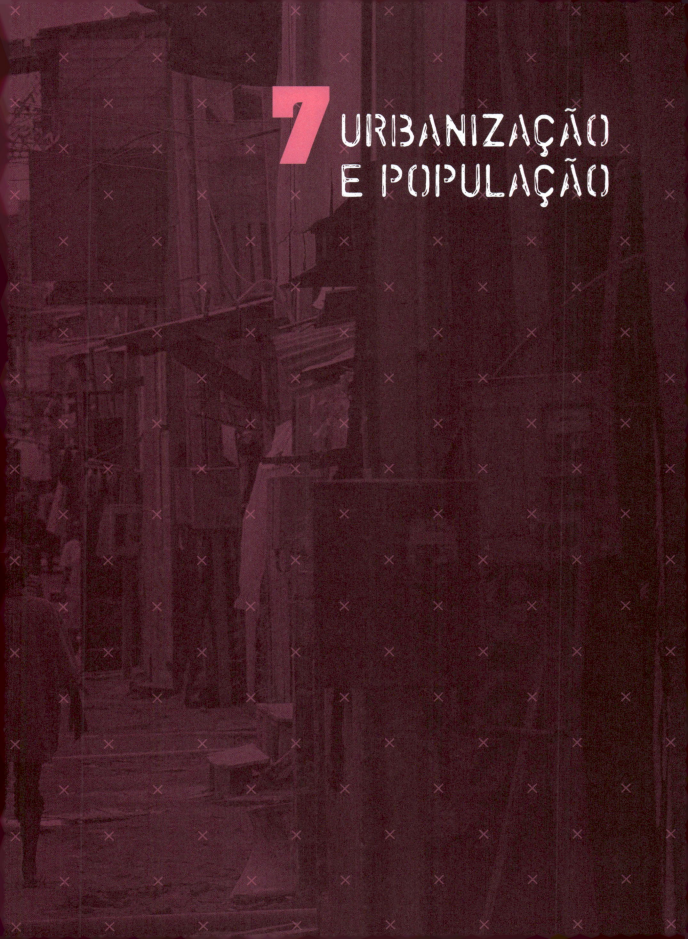

7 URBANIZAÇÃO E POPULAÇÃO

O ETERNO DRAMA DA SECA

Já vimos o estrago que a recessão provoca. Conhecemos as ruínas deixadas pela inflação e observamos o que acontece quando um país enfrenta a estagflação. Tal processo fica ainda mais complexo com o crescimento desordenado das grandes cidades em decorrência da migração de milhões de famílias do campo para a cidade em busca de melhores condições de vida.

Quando a estagflação da década de 1980 explodiu, algumas cidades estavam inchadas, cheias de favelas e cortiços. Não havia serviços públicos básicos nas periferias. Segundo o levantamento *Estimativas das Populações dos Municípios em 2011*, divulgado pelo IBGE (Instituto Brasileiro de Geografia e Estatística), 31,4 milhões de habitantes se concentram em apenas oito cidades brasileiras (São Paulo, Rio de Janeiro, Salvador, Brasília, Fortaleza, Belo Horizonte, Manaus e Curitiba), o que representa 16,3% dos 192.376.496 habitantes do país.

Tanta gente deixa o campo por falta de melhores condições de trabalho nas áreas rurais. O Nordeste tem imensas extensões de terra fértil e continua na miséria por causa da seca. Mas não se deve culpar o clima, e sim os governos.

Com irrigação, mais terras poderiam ser cultivadas, o que exigiria mais mão de obra. As técnicas para isso existem desde os primórdios da humanidade. Na Espanha, por exemplo, ainda funcionam os sistemas de irrigação construídos pelos árabes há mais de mil anos. Bem antes disso, os egípcios levavam as águas do rio Nilo para suas lavouras.

De acordo com a pesquisa *Conjuntura dos Recursos Hídricos no Brasil* de 2009, realizada pela ANA (Agência Nacional de Águas), o Brasil conta com pouco mais de 4,6 milhões de hectares irrigados. Cada hectare equivale a um campo de futebol. Parece bastante, mas, considerando o tamanho do nosso país, 4,6 milhões de hectares são quase nada. Na Índia, 40 milhões de hectares recebem água artificialmente; na China, 50 milhões; em Israel, grandes áreas do deserto de Negev foram transformadas em hortas e pomares graças a essa técnica.

A SOLUÇÃO PARA A SECA EXISTE. FALTA VONTADE POLÍTICA.

As terras semiáridas da Califórnia, nos Estados Unidos, eram bem mais difíceis de cultivar do que as do nosso Nordeste. O número de hectares lá irrigados chega a mais de 4,5 milhões. Calcula-se que, no Nordeste, isso poderia ser feito em pelo menos 8 milhões de hectares – ou seja, quase o dobro da área irrigada da Califórnia, que é um dos maiores celeiros de alimentos do mundo.

De 1970 a 1996, a população rural brasileira caiu de 44% para 22% do total nacional, fruto do êxodo para os centros urbanos. Isso significa que, em 30 anos, metade da população que morava no campo foi para a cidade em busca de condições básicas de vida, como emprego, saneamento básico,

URBANIZAÇÃO E POPULAÇÃO

alimentação diária, etc. No caso do Nordeste, embora de fato venha se reduzindo com o tempo, o êxodo se justifica muitas vezes por conta da seca: sem água, não é possível nem mesmo que o sertanejo plante apenas para a sua sobrevivência.

Mas, infelizmente, sair da área rural nem sempre significa ser inserido como cidadão no cenário urbano: essas pessoas, que em grande parte não tiveram acesso a boa educação, acabam tendo dificuldade em arrumar emprego. Quando arrumam, são mal remuneradas. Se a situação delas na cidade já era difícil quando havia empregos, você pode imaginar como ficou durante a recessão que caracterizou o Brasil nos anos 1980 e 1990.

Em decorrência da recessão, a construção de prédios, casas e pontes foi reduzida. Sem trabalho, as construtoras pararam de contratar pedreiros, serventes e outros operários sem especialização. Assim, quem tinha pouco estudo viu limitarem-se ainda mais as chances de arrumar emprego.

Abaixo. *A seca no Nordeste poderia ser evitada com sistemas de irrigação. Falta vontade política. Na foto, o solo castigado e sem plantação dificulta a vida da população e incentiva o êxodo rural. Monte Santo, BA, 2004.*

O CIDADÃO DE PAPEL

ELES NÃO VÃO SAIR DA RUA

Muitas vezes, a fuga das situações adversas de localidades rurais não encontra solução na cidade grande. Em 2009, a capital paulista contava 13.666 moradores de rua, conforme apontou a Fipe (Fundação Instituto de Pesquisas Econômicas) em um censo revelador da desigualdade da cidade. A maioria dos habitantes de calçadas e viadutos da capital paulista trabalha nas ruas, em subempregos e trabalhos temporários, e faz delas o seu ganha-pão. Essas pessoas não conseguiriam empregos formais porque não possuem o principal requisito para enfrentar as regras do mercado de trabalho: escolaridade.

✕
Abaixo. *As condições de vida na metrópole são cruéis para quem não tem casa. Na foto, policial faz cadastramento de moradores de rua. São Paulo, SP, 2004.*

URBANIZAÇÃO E POPULAÇÃO

RENDA MÍNIMA: ATENUANDO OS PROBLEMAS

Os programas de garantia de renda mínima promovidos pelo Estado asseguram que os cidadãos vão dispor de um valor mínimo de dinheiro mensalmente. Isso significa que, se a renda da pessoa não alcançar determinado valor, ela recebe um complemento do governo para atingir aquele limite.

Desde que o Partido dos Trabalhadores (PT) disseminou nacionalmente o conceito de renda mínima, experiências similares têm se reproduzido em todo o país, num esforço nos âmbitos federal, estadual e municipal. Essa fragmentação por si só traz o risco de desperdício, marca registrada da maioria dos programas sociais brasileiros. Não fosse assim, com a quantia distribuída não mais veríamos pessoas em condições precárias de vida.

Apesar disso, esses programas ainda são a melhor maneira de fazer os recursos chegarem aos mais pobres. Muitas vezes, eles vão parar nos bolsos de, por exemplo, funcionários inativos, com seus benefícios constitucionais, ou no seguro-desemprego, que, a rigor, só beneficia quem integra o mercado formal. Isso também ocorre quando o poder público banca os custos de ensino superior para membros de famílias de classe média.

Mas os programas de renda mínima conseguem, pelo menos em tese, chegar às populações mais carentes do país, com uma atuação direta nos reforços à educação e à saúde. Crianças mais bem nutridas e que passam mais tempo na escola constituem o fundamento do que se espera de um país democrático.

É um erro pensar que esses programas substituem o papel do governo de fornecer os serviços básicos aos seus cidadãos e garantir que a distribuição de renda seja menos perversa, de modo que no futuro programas de renda mínima não sejam mais necessários.

PATERNIDADE RESPONSÁVEL

Quantos filhos você gostaria de ter?

Ao responder a essa pergunta, com certeza uma outra vai passar pela sua cabeça: "Será que vou conseguir sustentar um filho?".

Provavelmente você gostaria de ter tantos filhos quantos pudesse sustentar, garantindo-lhes uma boa escola, um lugar com algum conforto para morar e remédios quando necessário.

Segundo especialistas, pode ser perigoso para a mãe e para a criança engravidar durante a adolescência porque o corpo da menina ainda não está preparado para o parto. Problemas como a gestante adolescente apresentar anemia ou o bebê nascer prematuramente são comuns. Além de eventuais problemas de saúde, tem-se um problema de ordem social: como sustentar uma criança, já que, para tanto, a adolescente, se não contar com a ajuda dos pais ou responsáveis, terá de abandonar a escola?

Desesperadas, muitas jovens acabam optando pelo aborto. Vale lembrar que, salvo raras exceções (estupro ou risco de morte para a mãe), o aborto, no Brasil, é considerado crime. A mulher recorre, então, a clínicas clandestinas, sem fiscalização, e põe sua saúde em risco. Quem não tem condições de pagar tais clínicas faz uso de métodos ainda mais precários.

Isso acontece, em parte, porque não existe no Brasil um projeto amplo de planejamento familiar que assegure aos mais pobres o direito de decidir quantos filhos desejam ter. Assim, muitos casais têm quatro, seis, dez filhos, quando, na verdade, conseguiriam sustentar apenas um ou dois.

PLANO CONTRA GRAVIDEZ PRECOCE MERECE APLAUSOS

Em fevereiro de 2011, o UNICEF divulgou um relatório que deve ser comemorado por todos que lutam por um país mais justo e igualitário. O documento trata dos avanços conquistados pelo Brasil em relação à saúde de crianças e adolescentes. Os principais pontos apresentam resultados das políticas que visam reduzir os índices de mortalidade infantil e de gravidez precoce no país. Segundo o UNICEF, entre 1998 e 2008, 26 mil crianças brasileiras foram salvas. A gravidez na adolescência foi reduzida em 20% entre 2003 e 2009.

O sucesso é atribuído às ações coordenadas do governo federal, por meio do SUS, em parceria com estados e municípios, as quais enfocam o planejamento familiar, a prevenção e o acesso a contraceptivos em postos de saúde e farmácias populares. O ponto forte, portanto, é a integração entre família, escola, cuidadores e profissionais de saúde.

A comemoração, contudo, merece cautela. Conforme dados do SUS, em 2007 os partos de adolescentes de 15 a 19 anos representavam 23% do total. Em outubro de 2009, mais de 400 mil partos foram feitos em jovens entre 10 e 19 anos.

A educação sexual é o caminho para evitar a gravidez precoce e o aborto, que, segundo outra proposta interessante do governo, não deveria ser tipificado como crime, como o é atualmente.

Investir em campanhas para a educação sexual dos jovens e prevenção à gravidez precoce significa garantir mais anos de estudos e um futuro melhor para eles.

URBANIZAÇÃO E POPULAÇÃO

Acima. *Meninas pobres muitas vezes engravidam por falta de informação e acesso a métodos contraceptivos. Rio de Janeiro, RJ, 2004.*

O Brasil do dia seguinte

Jovens que apostam em carreira e estudos já vêm com anticoncepcional na cabeça. Temos aí o Brasil do amanhã.

Professora da Universidade de São Paulo, a ginecologista Albertina Duarte Takiuti notou, em seu consultório, o crescente número de adolescentes que usavam a chamada pílula do dia seguinte para evitar a gravidez.

A amostra era, porém, tendenciosa: suas pacientes particulares são de famílias de maior poder aquisitivo. Surpreendeu-se, então, ao pesquisar como esse medicamento, composto de uma altíssima dose de hormônio (equivalente a 12 pílulas anticoncepcionais), vem sendo consumido entre as mais pobres.

»

Numa pesquisa ainda inédita, foram entrevistadas 120 jovens com vida sexual ativa, todas de baixa renda: 95% delas conheciam a pílula do dia seguinte e 36% já a usavam regularmente, número bem superior aos 20% registrados em estudo semelhante realizado em 2004. "Estamos no caminho de transformar esse recurso em algo rotineiro", aposta Albertina Duarte, criadora da Casa do Adolescente, um dos mais importantes programas médicos brasileiros, reconhecido mundialmente, de educação sexual para jovens de 10 a 19 anos. Sua visão baseia-se no fato de que os governos federal e estadual decidiram aumentar a distribuição dessa pílula nas redes de saúde, como último recurso antes do aborto. Dependendo do ângulo em que se veja – evitar a gravidez precoce e, consequentemente, o aborto –, é uma boa notícia. Por outro lado, revela que muitas adolescentes estão transando sem camisinha, o que é um fato preocupante.

A imensa maioria dos brasileiros pode até suspeitar, mas não conhece o tamanho da tragédia da falta de planejamento familiar – e, daí, a importância da pílula do dia seguinte. De acordo com os últimos dados oficiais disponíveis (2004), a cada hora, três meninas de idades entre 10 e 14 anos se tornam mães. Se elevarmos essa faixa etária até os 19 anos, há o registro de uma nova mãe adolescente por minuto. Repito: minuto. Isso quer dizer que, desde que você começou a ler esta coluna até agora, pelo menos uma menina já teve um filho. Vamos traduzir um pouco mais: são 661.290 mães adolescentes todos os anos. Vamos adiante: 44 mil adolescentes são internadas por ano por causa do aborto. Calcula-se que mais 300 mil jovens com menos de 19 anos tenham feito aborto, mas não tenham tido problemas médicos. Somando-se tudo, gira em torno de 1 milhão o número de garotas que engravidam anualmente, tornadas mães precoces ou obrigadas a abortar. Registre-se também que são 180 mil as mulheres acima de 19 anos internadas na rede pública por problemas da interrupção de gravidez. Esse é o Brasil do dia seguinte.

Já sabemos que a gravidez precoce é uma das principais causas de evasão escolar e, segundo uma série de estudos científicos, uma das causas da violência – filhos indesejados, rejeitados, descuidados são um óbvio estímulo à marginalidade. O tema do aborto foi lançado (corajosamente, diga-se) pelo ministro da Saúde, José Gomes Temporão. Causou polêmica (falou-se em plebiscito), até que, aos poucos, foi saindo de cena – e, enfim, foi desautorizado por Lula. A pista da pesquisa conduzida pela professora Albertina é a seguinte: por mais indesejável que seja, a pílula do dia seguinte está caindo no gosto das adolescentes e, se disseminada maciçamente pela rede pública,

URBANIZAÇÃO E POPULAÇÃO

>>

conectada às escolas, a tragédia da gravidez precoce e do aborto poderá ser menor.

Fica ainda a tragédia das doenças sexualmente transmissíveis — e, aí, a pílula do dia seguinte corre o risco de virar uma ameaça. "A jovem pode se sentir tentada a não se proteger, imaginando que se valerá desse recurso final", afirma a ginecologista com base em entrevistas feitas com adolescentes. O que já se sabe é que o melhor caminho é o mais difícil — jovens com autoestima elevada, apostando em carreira e estudos, já vêm com anticoncepcional na cabeça. Temos aí não o Brasil do dia seguinte, mas o Brasil do amanhã.

Gilberto Dimenstein. *Folha de S.Paulo*, 17 jun. 2007. (Folhapress.)

EDUCAÇÃO, PRODUTO DE LUXO

A possibilidade de se planejar quantos filhos a família vai ter é mais um dos indicativos de desenvolvimento. Essa decisão está relacionada com o círculo vicioso da miséria.

Vamos nos lembrar daquele indivíduo que ganha um salário mínimo por mês e tem de sustentar mulher e dois filhos. E se, em vez de dois filhos, ele tivesse seis? Sua renda *per capita* familiar cairia expressivamente. Ele teria de dividir o que ganha não mais por quatro, mas por oito. Essa família, então, sairia da linha de pobreza e entraria na de indigência.

O resultado é previsível. Os filhos dessa família encarariam a escola como um luxo. Seriam obrigados a ir para a rua e trazer dinheiro para casa, para ajudar no orçamento. Sem instrução, iriam ganhar muito pouco. E, quando se tornassem pais, sem condições financeiras adequadas, estariam sujeitos a também colocar seus filhos na rua.

A mulher brasileira tem, em média, 1,86 filho (IBGE, 2010). Isso é o que chamamos de "taxa de fecundidade", que vem a ser uma estimativa do número médio de filhos que a mulher tem em idade reprodutiva. Pesquisas mostram que a taxa de fecundidade é bem mais alta entre as mulheres pobres.

A perversidade da situação reside no fato de que só os mais ricos, que teriam condições de sustentar mais filhos, dispõem de meios e informações para fazer o planejamento familiar.

A GRAVIDEZ PRECOCE PODE SER EVITADA COM ESCOLARIDADE.

FALSA SOLUÇÃO

A primeira regra de todo indivíduo que preza sua liberdade é questionar tudo o que ouve e lê, independentemente de quem fala ou escreve. A desconfiança deve aumentar quando, diante de problemas complexos, são sugeridas soluções fáceis.

Há também sugestões de fácil solução para a questão populacional. Uma delas parte do pressuposto de que a causa da miséria é a alta taxa de fecundidade entre os mais pobres. Logo, se eles forem impedidos de ter filhos, não haverá mais miséria.

É comum ouvirmos absurdos como este: que o governo deveria obrigar mulheres pobres a fazer laqueadura. Embora seja um direito da mulher fazer a laqueadura (e o homem vasectomia) gratuitamente no sistema público de saúde, num regime democrático não se pode impor a ninguém o número de filhos que devem ter. O que se pode fazer é argumentar que a qualidade

Abaixo. *A taxa de fecundidade é maior em famílias pobres, o que torna o sustento ainda mais difícil e obriga numerosas famílias a dividirem barracos apertados em favelas. São Paulo, SP, 2003.*

de vida de uma família é melhor com o planejamento familiar. Em segundo lugar, é preciso ter em mente que o que acaba com a miséria é o crescimento econômico, a distribuição de renda e o investimento social.

Partindo do princípio de que a solução do problema é o crescimento do país, surge outra saída aparentemente fácil: como o problema é de ordem econômica, basta esperar o crescimento, a distribuição de renda etc., sem a necessidade de nos preocupar com o planejamento familiar. Essa é uma posição bastante acomodada e que não leva em conta outras preocupações, como a questão ecológica, uma vez que se supõe que, com tanta gente no mundo, os recursos naturais um dia se esgotarão.

Esses receios baseiam-se na evolução da população ao longo da história. Segundo estimativas da ONU (Organização das Nações Unidas), mesmo se a taxa de fecundidade continuar caindo nos países em desenvolvimento, em 2050 o mundo terá 2,5 bilhões a mais de pessoas.

A mesma situação que ocorre com as pessoas acontece também com os países. Os casais mais ricos planejam sua família conforme os recursos que possui para sustentá-la. Logo, a taxa de fecundidade – isto é, o número de filhos por mulher – cai.

Por conta do planejamento familiar e do conhecimento dos métodos contraceptivos, nos países mais ricos, com mais condições de prover o sustento de seus habitantes, a taxa de crescimento populacional é menor do que nas nações pobres.

O TRÂNSITO NAS GRANDES CIDADES

O aumento da população trouxe, além de todos os problemas que mencionamos, um agravamento sem precedentes no trânsito das grandes capitais. Dados da Anfavea (Associação Nacional dos Fabricantes de Veículos Automotores) revelam que o aquecimento no mercado de veículos vem gerando, por parte das montadoras, amplos investimentos destinados a dar conta das encomendas. Essa boa notícia para o mercado de trabalho significa, ao mesmo tempo, risco de colapso urbano e de comprometimento da qualidade de vida. As ruas das cidades não estão preparadas para receber esse imenso contingente de automóveis.

A economia está se expandindo, os juros estão caindo e a compra a crédito é cada vez mais facilitada. Além disso, começa a se concretizar a possibilidade, temida pelos engenheiros de trânsito, de que sejam importados carros mais baratos da Índia e da China, o que aumentaria signitivamente o número de veículos na rua e, como consequência, os congestionamentos.

Para evitar o colapso em cidades como São Paulo, os técnicos são unânimes: mais cedo ou mais tarde, queiramos ou não, será implementado o pedágio urbano, cujo objetivo é reduzir o trânsito e drenar recursos para o transporte público.

Em Londres, na Inglaterra, a prefeitura enfrentou forte resistência ao implantar o pedágio urbano. Diante da melhoria da qualidade de vida, resolveu-se, em 2008, aumentar a limitação da circulação de automóveis na cidade. O sucesso da experiência londrina teve repercussão em Estocolmo, na Suécia, onde os moradores decidiram, em plebiscito, criar o pedágio.

A prefeitura de Nova York informou que quer cobrar pela circulação dos automóveis em dias úteis. O dinheiro arrecadado será investido na melhoria do transporte público. A cidade de Paris vem enfrentando uma guerra para garantir espaços aos pedestres e ciclistas, numa briga feroz com os motoristas.

Ninguém quer pagar mais taxas num país onde já se pagam tantos impostos. Portanto, o governante que tiver a ousadia de implantar o pedágio talvez, no futuro, seja lembrado como corajoso, mas no presente terá de enfrentar forte pressão. O problema é que nas grandes cidades a saturação dos congestionamentos, o custo do combustível e a perda de mobilidade já são uma espécie de pedágio.

Uma cidade educada é aquela que valoriza os pedestres, que lhes oferece calçadas largas, praças e parques. Quanto mais larga a calçada, maior a democracia. E esse princípio vem sendo ameaçado pelo colapso do trânsito.

Arte que nasce da fumaça

Alexandre Órion flagrava como suas intervenções se misturavam com as pessoas que passavam pela rua.

Ao passar madrugadas desenhando centenas de caveiras em túneis paulistanos, o artista plástico Alexandre Órion descobriu um inusitado ingrediente para pintar quadros: a fuligem liberada pelos automóveis, que fica aglomerada em camadas negras nas paredes de cerâmica.

Aprendeu a fazer daquele pó ingrediente para uma tinta. Essa tinta nasceu por acaso, quando Alexandre resolveu criar uma obra, intitulada *Ossário*, em um túnel (o Max Feffer), na avenida Cidade Jardim. "A cor original daquele túnel era o amarelo, mas, com o tempo, as paredes ganharam um ››

URBANIZAÇÃO E POPULAÇÃO

>>

aspecto cinza até se tornarem completamente negras."
Panos úmidos dão forma às caveiras amontoadas, transmitindo a sensação de que os motoristas estariam entrando em uma escavação arqueológica. "Quis fazer dessa caverna urbana uma catacumba."

Foram semanas produzindo esse *Ossário*. Os panos, imundos, eram levados para a sua casa e ficavam num balde de água. Na manhã seguinte, parte daquela fuligem estava separada no fundo. "Olhei para aquilo e vi símbolos de uma cidade."
Veio, então, a ideia de pintar quadros com cenas urbanas, transformando a fuligem em pigmento para a tinta. Ele próprio sentia-se misturado a toda aquela fuligem. "Quando voltava para casa, apesar de ter usado máscaras, estava tonto e enjoado. Parecia que os banhos não me limpavam."

O caos paulistano sempre envolveu todos os sentidos de Alexandre. Nasceu e sempre morou em ruas movimentadas, com muito barulho e poluição. "Os carros não paravam." Adolescente, aventurou-se pelo grafite, preenchendo espaços em viadutos e muros em torno das avenidas mais agitadas da cidade. "São Paulo é, além de fonte de inspiração, um ateliê e uma galeria aberta."
Alexandre se destacou, porém, quando uniu desenhos à fotografia, misturando fantasia e realidade na paisagem paulistana.
Primeiro, fazia as intervenções nos muros e, depois, flagrava como suas intervenções se misturavam com as pessoas que passavam pela rua. Alexandre mostrou essa obra inicialmente na Pinacoteca e, em seguida, rumou para Nova York, São Francisco (nos Estados Unidos) e Roterdã (na Holanda).

O *Ossário* acabou ganhando vida. Incomoda a intervenção macabra, tanto que a prefeitura tratou de limpar melhor o túnel Max Feffer. Alexandre procurou, então, outros túneis, mas percebeu que aquelas caveiras já tinham cumprido sua missão e tratou de experimentar a tinta à base de fuligem. Notou que exibiam força na tela. Neste mês, uma série de dez quadros nascidos daquela experiência nos túneis vai para uma exposição.
"A cidade é minha matéria-prima", conta, preocupado em transmitir, em suas intervenções, as várias poluições urbanas.

Gilberto Dimenstein. *Folha de S.Paulo*, 4 jul. 2007. (Folhapress.)

OS PROBLEMAS DAS GRANDES CIDADES PODEM SE RESOLVER COM AÇÕES POLÊMICAS.

Os atores João Miguel e Fabiúla Nascimento em cena do filme Estômago.

SUGESTÃO DE FILME

ESTÔMAGO
(Brasil, 2007, direção de Marcos Jorge)
O nordestino Raimundo Nonato muda-se para a cidade grande em busca de melhores condições de vida. Contratado como faz-tudo em um bar, descobre seu talento natural para a culinária. Com suas coxinhas, Raimundo transforma o simples boteco num sucesso. Giovanni, proprietário de um conhecido restaurante italiano da região, o contrata como assistente de cozinheiro. A cozinha profissional é a porta para a ascensão de Raimundo e também para um destino inesperado: ele acaba indo para a cadeia, ambiente ao qual se adapta graças às suas habilidades culinárias.

SUGESTÃO DE SITE

www.favelaeissoai.com.br
O site mostra que, apesar de a favela ser comumente vista como o lugar dos excluídos da cidade, lá nascem também muitas manifestações artísticas.

HTTP://SITES.ATICASCIPIONE.COM.BR/CIDADAODEPAPEL/INDEX.HTML

A má qualidade de vida de uma população é reflexo do caos urbano. Acesse o site e confira notícias e artigos sobre o assunto.

TODO SER
HUMANO
TEM DIREITO
A UMA
ORDEM
SOCIAL.

8 MEIO AMBIENTE

A IMPORTÂNCIA DO SANEAMENTO

Em âmbito global a quantidade de água potável vem diminuindo. A poluição da água mata hoje 2 milhões de pessoas por ano no mundo de acordo com o PNUMA (Programa das Nações Unidas para o Meio Ambiente).

De modo geral, o acesso ao saneamento básico pela população brasileira aumentou. Mas isso não significa que estamos em condições ideais. Em 2009, de acordo com a *Pesquisa Nacional por Amostra de Domicílios – PNAD 2009*, do IBGE (Instituto Brasileiro de Geografia e Estatística), a água canalizada chegava às casas de 84,4% da população e os serviços de esgoto, a 59,1% dos domicílios. O acompanhamento das séries históricas permite notar que há uma preocupação e uma mobilização crescentes por parte do governo para que todos os brasileiros tenham acesso a esses serviços, que são essenciais também no combate à desnutrição e à mortalidade infantil. Água tratada e esgoto canalizado são garantias de saúde.

Ainda há muito trabalho a ser feito. Um documento elaborado pelo IPEA (Instituto de Pesquisa Econômica Aplicada) a partir de dados do PNAD 2006 informava que havia 34,5 milhões de pessoas sem acesso a coleta de esgoto nas áreas urbanas do país. Essa situação afeta também o meio ambiente: dois terços de todo o esgoto coletado não recebe tratamento, poluindo rios e mananciais e prejudicando a reprodução de plantas e animais. Isso afeta duplamente a população, que, por um lado, não pode usufruir de água potável e convive com a água poluída a céu aberto e, por outro, acaba consumindo alimentos afetados por essa água, que provoca doenças.

Pensando nisso, seria muito mais fácil que o governo, em vez de gastar dinheiro tratando das doenças provocadas pela poluição, investisse em soluções para as suas causas. Promover o saneamento básico é dever do governo e direito da população.

Onde os fracos têm vez

Em meio à sujeira do rio Tietê, o documentarista Evaldo Mocarzel testemunhou cenas de beleza natural.

A convivência íntima com os odores, a sujeira e a poluição do rio Tietê ensinou o documentarista Evaldo Mocarzel a descobrir, ao mesmo tempo, um novo olhar sobre a arte e uma nova maneira de ver a cidade. A descoberta levou-o a percorrer, na noite de segunda-feira, a praça Roosevelt, até pouco tempo atrás só ocupada por mendigos, ››

MEIO AMBIENTE

traficantes, viciados e travestis – uma paisagem tão deteriorada como a do rio que corta São Paulo, mas agora rodeada de atores e de toda uma tribo que aprecia o teatro alternativo. Nascido em Niterói, criado no Rio e há 17 anos morando em São Paulo, Mocarzel filmou a peça *BR3*, encenada ao longo do Tietê, para um documentário, ainda em fase de finalização. "Vi como a peça conseguiu chamar a atenção para um rio tão esquecido pela população." Ele próprio trabalhou por muitos anos na marginal do Tietê e nunca tinha prestado atenção no rio, onde conseguiu, em meio à sujeira, testemunhar cenas de beleza natural – um voo solitário de uma garça ou o caminhar vagaroso de uma anta em meio a flores.

Imagens urbanas desoladas já não surpreendem Mocarzel há muito tempo – aliás, essa é a matéria-prima de seus documentários, nos quais aparecem moradores de rua, catadores de papel e integrantes do movimento dos sem-teto. "A diferença é que, ali no Tietê, aprendi como a arte dá novo significado aos espaços de uma cidade. É como

Abaixo. *A poluição de mares e rios afeta também a alimentação da população. Na foto, o rio Tietê, um dos mais poluídos do Brasil. São Paulo, SP, 2003.*

> se transformassem exatamente num palco." Justamente por isso ele estava, na noite de segunda-feira, iniciando as filmagens sobre o grupo Os Satyros, cujo teatro foi decisivo para mudar a paisagem da praça Roosevelt e criar um polo de arte alternativa.
>
> Foi esse mesmo olhar que Mocarzel projetou no Jardim Ângela, região conhecida, até pouco tempo atrás, como a mais violenta do mundo e cujo cemitério mais próximo, no Jardim São Luiz, era apontado como o local em que havia mais jovens enterrados por metro quadrado. Ele registrou as imagens de jovens – desses que poderiam estar debaixo da terra, vítimas de um tiro – produzindo vídeos. As imagens degradadas paulistanas, mescladas com a redenção da arte, estão levando o documentarista à cidade em que foi criado. Vai documentar o projeto de dança da coreógrafa Lia Rodrigues na favela da Maré. "É incrível o poder luminoso da arte nessas áreas sombrias."
>
> Gilberto Dimenstein. *Folha de S.Paulo*, 27 fev. 2008. (Folhapress.)

COMO MORRER MAIS CEDO

A FUMAÇA DOS CARROS DE UM CONGESTIONAMENTO TEM CONSEQUÊNCIAS GLOBAIS.

Uma das maiores reclamações de quem vive em uma cidade grande com certeza é o congestionamento de carros. Além de aumentar o nível de estresse e diminuir drasticamente a qualidade de vida do cidadão, o trânsito afeta diretamente a saúde da população.

Segundo a Cetesb (Companhia de Tecnologia de Saneamento Ambiental), os veículos automotores são os principais causadores de poluição em todo o mundo. A cidade-símbolo da poluição veicular no Brasil é São Paulo, que concentra a maior frota do país, com 7,3 milhões de veículos, segundo dados do Detran-SP (Departamento Estadual de Trânsito) de julho de 2012. O número de carros aumentou vertiginosamente nos últimos anos, sem que a cidade tivesse um planejamento urbano adequado. Com isso a velocidade dos veículos diminuiu e a marcha lenta faz com que emitam mais poluentes, agravando o estado de saúde da população.

Em 2009, a poluição provocada pelos veículos matava indiretamente, em média, quase 20 pessoas por dia na Região Metropolitana de São Paulo, segundo estudo do Laboratório de Poluição Atmosférica da Faculdade de Medicina da USP (Universidade de São Paulo). É quase o dobro do que em 2004, quando a média era de 12 mortes por dia por doenças cardiorrespiratórias "aceleradas" pela poluição. Segundo a OMS (Organização Mundial da

MEIO AMBIENTE

Saúde), a concentração de poluentes não deve ultrapassar 10 microgramas por metro cúbico. A média de São Paulo gira em torno de 28.

Mas não são apenas os moradores das grandes cidades que sofrem com os efeitos da poluição. As consequências atingem níveis mundiais, já que, comprovadamente, as emissões de monóxido de carbono aceleram o aquecimento global. Imagine então que cada vez que você enfrenta um congestionamento está colaborando para que cidades ameaçadas pelo aumento do nível dos oceanos causado pelo aquecimento global, como o Rio de Janeiro, e até mesmo países, como Tuvalu (na Oceania), desapareçam.

O grande problema é que o modelo de transporte do Brasil se apoia no transporte individual e no transporte rodoviário de carga. Faça um exercício: quando estiver no congestionamento, repare nos carros. Você vai perceber que, em geral, o motorista está sozinho. Essa atitude, que parece inocente, prejudica muito o fluxo do trânsito. Fornecer melhores condições de transporte público para incentivar seu uso pelos cidadãos, incentivar a carona e construir ciclovias são alguns exemplos de ações que podem resultar em significativa melhora do ar que respiramos.

No site **www.atica.com.br/cidadaodepapel** você encontra informações atualizadas sobre este assunto.

×
Abaixo.
Sustentabilidade é promover o crescimento econômico e ao mesmo tempo preservar a natureza. Na foto, fábrica de embalagens polui o ar. Nova Friburgo, SC, 2005.

DINHEIRO ENCONTRADO NO LIXO

Quando se fala em futuro e meio ambiente, há consenso de que os chamados 3 "Rs" são fundamentais para a harmonia da natureza com o homem: Reduzir, Reutilizar e Reciclar.

Pensando nisso, a reciclagem ganhou nos últimos anos um papel crescente na vida do brasileiro. Hoje já podemos ver pequenas atitudes que fazem a diferença e que, uma década atrás, eram impensáveis: pessoas no supermercado optando por caixas de papelão ou sacolas de pano no lugar das embalagens plásticas; o consumidor se preocupando se os produtos respeitam os critérios ambientais; a separação de materiais recicláveis do lixo orgânico.

É comum pensarmos que, ao separarmos o lixo, estamos fazendo um bem ao meio ambiente. E isso é verdade. Mas o ciclo da reciclagem envolve também a melhora econômica e social do país.

O ato de reciclar ajuda a economia na medida em que faz o dinheiro rodar em setores que antes eram estagnados, como por exemplo, o de sucata, que

Abaixo. *A reciclagem não ajuda só o meio ambiente; ela também promove o desenvolvimento econômico e social. Na foto, funcionárias separam garrafas PET no Centro Ecológico do programa Lixo e Cidadania. São Bernardo do Campo, SP, 2001.*

MEIO AMBIENTE

recolhe o material para entregar às grandes indústrias, que vão reciclar esse material. No campo social, a reciclagem gera postos de trabalhos e rendimentos para as pessoas mais pobres, que, sem educação formal, a tem como meio de ganhar o sustento. Segundo dados de 2011 da ONG Cempre (Compromisso Empresarial para Reciclagem), a atividade no Brasil movimenta cerca de R$ 9 bilhões por ano e gera mais de 800 mil empregos diretos entre os catadores.

A cidade de Curitiba, que produz cerca de 47 mil toneladas/mês de lixo, serve como um exemplo de reciclagem a ser seguido. Com seu programa "O lixo que não é lixo", 22% de todo o lixo produzido, é reciclado na capital paranaense. Com essa iniciativa, a prefeitura reduziu o volume diário de resíduos enviados aos aterros, contribuiu com o meio ambiente e ainda gerou postos de trabalho diretos e indiretos. Uma lição de desenvolvimento sustentável.

A heroína encontrada no lixo

Neguinha batalhou para transformar um lixão e venceu a guerra contra o descaso de moradores.

Solteira, mãe de quatro filhos, migrante nordestina, Dilza Maria Dias, conhecida apenas como Neguinha, transformou um lixão num campo de batalha. "Alguém tinha de tomar uma atitude. Pessoas estavam sendo atropeladas na rua porque não existia calçada para andar", conta. O front da guerra de Neguinha era um terreno localizado numa rua com o sugestivo nome de Estrada das Lágrimas, que circunda a favela de Heliópolis. Ali, nas cercanias de uma escola infantil, entre um posto de saúde e uma casa de apoio a crianças e adolescentes, avolumavam-se montanhas de lixo. O problema era tão antigo que o lixo parecia integrar a paisagem – os moradores já tinham perdido a esperança. A primeira etapa da ofensiva foi uma visita aos comerciantes das redondezas do lixão. Esteve em escolas para pedir a ajuda de pais, alunos e professores – as crianças tinham de brincar no parquinho sentindo o odor putrefato. "As pessoas me diziam sempre a mesma coisa. Diziam que eu não iria conseguir, que era perda de tempo." Com a ajuda de uma associação local de moradores (a Unas), Neguinha confeccionou uma faixa com a seguinte mensagem: "Você que está jogando lixo sorria. Você está sendo filmado. E depois será multado". Não adiantou.

Neguinha passou a chegar ao terreno ainda de madrugada, em torno das 5h, munida apenas de um telefone celular, que dizia estar conectado com fiscais da prefeitura. Sua atitude ajudou, até porque tinha o apoio »

O LIXO PODE SER FONTE DE RENDA.

O CIDADÃO DE PAPEL

Ao lado. *Além do crescimento da frota, ainda há muitos carros em circulação que não possuem filtros em seu escapamento, o que aumenta o nível de poluentes emitidos. São Paulo, SP, 2005.*

moral dos vizinhos, especialmente os da escola e os do centro de saúde, os mais incomodados com o lixo. Era pouco.

Notou que precisava se dedicar por mais tempo à fiscalização. Chegava de madrugada e só saía quando escurecia. Levou essa rotina durante um mês. Algumas das pessoas habituadas a jogar lixo ali imaginavam que talvez aquela mulher fosse uma funcionária da prefeitura; outras suspeitavam que não passasse de uma maluca, sabe-se lá com quais ligações na favela de Heliópolis, para ter coragem de enfrentar os homens.

Independentemente do que tenham pensado, o fato é que, aos poucos, menos gente jogou lixo no terreno – além do medo das multas, sabiam que iriam encontrar, por perto, lixões improvisados. Acontece que outros moradores da região, vendo a batalha de Neguinha, também começaram a se proteger dos donos de entulho. "Não fiz nada de mais, só não queria viver na sujeira." Por causa dessa conquista, ela vai receber sua primeira homenagem desde que veio para São Paulo, há 25 anos – uma escola (a Cidade do Sol) vai condecorá-la por sua guerra contra o lixo.

Gilberto Dimenstein. *Folha de S.Paulo,* 18 jun. 2008. (Folhapress.)

EDUCAÇÃO AMBIENTAL É A CHAVE DO FUTURO

Por muito tempo foi argumento de empresários que, para que o progresso e o desenvolvimento existissem, era inevitável que o meio ambiente fosse sacrificado.

A Comissão Mundial sobre o Meio Ambiente foi criada pela ONU (Organização das Nações Unidas) na década de 1980 justamente com a função de equilibrar o desenvolvimento econômico e a conservação ambiental. Graças a esse tipo de iniciativa, a ideia de destruição da natureza para possibilitar o progresso vem sendo desconstruída para dar lugar a outra concepção: a do desenvolvimento sustentável.

Promover o desenvolvimento sustentável significa usar os recursos naturais de modo a atender às nossas necessidades, mas sem comprometer as gerações futuras. Essa atitude implica aceitar que os recursos da natureza não são infinitos e que o desenvolvimento econômico consciente é aquele que preserva, e não destrói.

Pessoas recolhem alimentos do lixo em cena do documentário **Ilha das flores**.

SUGESTÃO DE FILME

ILHA DAS FLORES
(Brasil, 1989, direção de Jorge Furtado)
Crítico retrato da mecânica da sociedade de consumo, acompanha a trajetória de um simples tomate, desde a plantação até ser jogado no lixo. O curta-metragem escancara o processo que gera riqueza e as desigualdades que surgem no meio desse caminho.

SUGESTÕES DE SITES

www.tecmundo.com.br/sustentabilidade/novidades
O site mostra notícias e curiosidades sobre sustentabilidade e meio ambiente.

www.greenpeace.org.br
O Greenpeace é uma entidade internacional que toma posições políticas no que diz respeito à proteção do meio ambiente e da paz.

www.revistameioambiente.com.br
Revista de ecologia e consumo voltada para a educação ambiental e a responsabilidade social.

HTTP://SITES.ATICASCIPIONE.COM.BR/CIDADAODEPAPEL/INDEX.HTML

É preciso existir harmonia na relação entre o ser humano e a natureza. Acesse o site e confira notícias e artigos sobre o assunto.

TODO SER HUMANO TEM DIREITO À INSTRUÇÃO.

Moacyr Lopes Junior / Folhapress

9 EDUCAÇÃO

SELEÇÃO BRASILEIRA DE IGNORANTES

Se numa Copa do Mundo a seleção brasileira de futebol não conseguisse passar das oitavas de final, a reação popular seria previsível: o país inteiro se sentiria humilhado, com o orgulho ferido. O sabor amargo da "vergonha" seria lembrado por gerações (vide a jamais esquecida derrota para o Uruguai em 1950).

Houve uma competição entre países que envolveu um assunto muito mais relevante do que o futebol para o destino do Brasil. Nessa competição, ficamos em um dos últimos lugares.

Em 2000 o Brasil participou pela primeira vez do PISA (Programa Internacional de Avaliação de Alunos), que consiste em um teste aplicado em alunos de 15 anos de ensino público e particular de vários países do mundo e que tem como objetivo medir os sistemas educacionais. Os resultados foram desastrosos: entre 32 países, ficamos entre os últimos colocados. Em 2003, com nova aplicação do teste, desta vez entre 41 países, ocupamos novamente os últimos lugares do ranking. Três anos depois, em 2006, infelizmente pouca coisa mudou: entre 57 países, os estudantes brasileiros ficaram nas últimas colocações nos rankings de ciências, leitura e matemática, ocupando a posição geral de 54º. No PISA 2009, o país ficou em 53º lugar entre 65 países.

Exceto pelas trocas de acusações entre alguns educadores sobre a responsabilidade pelo resultado, essa vergonhosa colocação não recebeu a atenção devida.

A situação revela que, apesar de muitos avanços, a educação no Brasil não consegue nem remotamente se aproximar do nível de conhecimento dos outros países do mundo. E o resultado desse jogo só vai virar quando pelo menos um quinto da atenção destinada ao futebol for destinada para a educação, principalmente ao ensino público.

A FORMAÇÃO DE UM ALUNO DEPENDE DO ENVOLVIMENTO DE SUA FAMÍLIA.

A surra que o país tomou internacionalmente se repete quando consideramos as estatísticas nacionais. As autoridades se gabam sempre em suas campanhas políticas de que todas as crianças estão na escola. Mas isso não é o suficiente. Além de estar na escola, a criança precisa aprender. E isso não está acontecendo. O Saeb (Sistema Nacional de Avaliação da Educação Básica) é o principal instrumento de avaliação da educação nacional. A cada dois anos, uma amostra de alunos é avaliada em testes de português e matemática. De 1995 a 2005, a nota média caiu em todas as provas. Esse número mostra que a qualidade não acompanhou a universalização do ensino. E de nada adianta a criança frequentar a escola se não aprendeu o que deve.

EDUCAÇÃO

Acima. *Nem sempre a escola significa aprendizado. É necessário que toda a comunidade se envolva na educação de crianças e jovens. Na foto, os estudantes se dedicam ao trabalho em classe. Porto Alegre, RS, 2005.*

Seria injusto culpar somente as escolas ou os professores. Muitos deles são heróis que sobrevivem a um massacre diário diante da falta de valorização de seu trabalho. Perante tais resultados, tende-se a acreditar que a solução para esse desmantelamento crônico da educação no país estaria dentro da escola. Mas não está. A solução está do lado de fora. A triste situação em que a educação se encontra tem como principal responsável o descaso. Descaso do governo com os resultados vergonhosos e com a péssima formação que é concedida aos educadores. Se não há cuidado com a educação de quem ensina, é óbvio que o professor não será suficientemente preparado para enfrentar a difícil tarefa de lecionar. Sem investimento na formação de professores e remuneração justa, é compreensível que muitas vezes eles tenham momentos de desânimo e só perseverem por acreditar na educação como único meio para salvar o país.

Além disso, não podemos esquecer o valioso papel dos pais neste cenário. Pesquisas baseadas em amostras de milhões de estudantes revelam que o desempenho do aluno resulta da combinação de alguns elementos, como o envolvimento da família na educação do filho, o nível socioeconômico dos pais ou responsáveis e estímulos culturais. Crianças cujos pais têm o hábito da leitura apresentam maior tendência a se tornar leitores, elemento crucial do aprendizado.

O CIDADÃO DE PAPEL

A escola só conseguirá cumprir sua missão de criar indivíduos autônomos se houver ampla integração com a comunidade, de modo a compensar a defasagem cultural dos alunos. O aprendizado tem que se expandir para fora da escola e conversar com o dia a dia do aluno, com o que desperta interesse nele.

Isso significa que, além de diretores motivados, professores preparados e conteúdos curriculares contextualizados na vida do estudante, a escola deveria promover excursões educativas para teatros, museus, cinemas, bibliotecas, centros culturais, e também para empresas, onde seria possível conhecer diferentes processos de produção. Parte das aulas deveria acontecer fora da escola e o professor teria de, sempre que possível, relacionar os conteúdos estudados com a realidade do aluno.

Se o poder público não oferecer aos gestores das escolas condições de atuarem como articulador comunitário – provendo-o de ferramentas que o

✕
Abaixo. *É necessário que o aprendizado de crianças e jovens seja relacionado com o mundo em que vivem. Na foto, jovens em aula de informática. Alvorada, RS, 2005.*

ajudem a envolver as famílias, a procurar parcerias e a fazer da cidade uma vivência educacional –, poucas serão as melhorias no ensino.

Quando escola e sociedade atuam juntas, cria-se uma comunidade de troca e aprendizagem. Aí, sim, as nossas escolas públicas serão tão boas quanto o futebol brasileiro.

Não há solução simples ou barata. Quando se fala em melhorar a educação, estamos diante de um desafio mais difícil que conquistar a Copa do Mundo.

TRAGÉDIA EDUCACIONAL

Nos capítulos anteriores, falamos em círculo vicioso, ou seja, que a pobreza gera mais pobreza.

Para complicar, nem sempre os responsáveis pela educação cumprem suas obrigações mínimas. Um exemplo grave de negligência dos governos com a educação é o descaso com que lidam com a merenda escolar. Segundo o Ministério da Educação, em fevereiro de 2009, crianças de mais de 900 municípios brasileiros corriam o risco de ficar sem a merenda porque as escolas não enviaram aos órgãos competentes o relatório de gastos realizados para a compra de alimentos. Portanto, milhões de crianças poderiam passar fome – pois para muitas delas a merenda escolar é a principal refeição do dia – por causa de um detalhe burocrático.

Difícil ver sinais mais evidentes de como a negligência administrativa se traduz em prejuízos para a sociedade. Muitos municípios ainda parecem desconhecer os mecanismos da burocracia, o que pode trazer muitos danos ao ensino como um todo.

Daí a necessidade de investir na capacitação de gestores municipais em educação, porque, só com o envolvimento efetivo dos municípios nos tão alardeados programas de bolsas que atendem milhões de famílias, essa iniciativa terá algum sucesso.

IMPACTO ECONÔMICO

O nível de instrução do trabalhador relaciona-se diretamente com a produtividade e, portanto, com a economia de um país. Na prática, a produtividade resulta da redução do desperdício, com melhor aproveitamento de tempo e de recursos.

No Brasil, a taxa de desperdício é alta. Por exemplo, na construção de prédios ou casas, boa parte do material é perdida. O Ministério da Indústria e do Comércio calcula que 35% do material que deveria ser usado nas construções vai para o lixo, o que acarreta a elevação do preço final do imóvel: um apartamento que poderia custar US$ 50 mil acaba saindo por mais de US$ 67 mil. E o mesmo acontece em outros setores.

Se o agricultor fosse instruído a respeito de técnicas de plantio capazes de tornar seu trabalho mais eficiente, a produtividade seria maior e, consequentemente, os alimentos ficariam mais baratos. Isso, num país onde a fome é um dos principais problemas, seria uma vantagem considerável.

Hoje em dia, as empresas exigem cada vez mais escolaridade dos funcionários que contrata; elas não empregam mais pessoas com pouca instrução. Não querem mais trabalhadores que apenas consigam realizar uma função, mesmo que façam um bom trabalho. Com o avanço tecnológico, exige-se que um operário maneje máquinas cada vez mais complexas e que raciocine, tome decisões e avalie a qualidade do produto que está sob sua responsabilidade.

Melhorou, mas está péssimo

O ranking de qualidade do ensino (Ideb) divulgado pelo Ministério da Educação pode ser comemorado porque se atingiu uma meta prevista para 2009. Mas ninguém pode se iludir – o resultado é péssimo. Terrivelmente péssimo: os jovens saem da escola, no fim do Ensino Médio, sem saber ler nem escrever direito. A melhoria pode ser atribuída a uma série de fatores: 1) os esforços de governos para formar os professores e aprimorar os currículos; 2) a valorização das metas; 3) pressões de toda a sociedade para evitar o abandono; 4) por questões demográficas, há menor taxa de natalidade, logo, menos pressão por matrícula no Ensino Fundamental.

Há quem argumente (e com razão) que a meta estabelecida para 2007 era baixa. Com isso, facilitou-se o pulo para 2009.

Nosso drama é que existe uma corrida. Fixamos para 2022 atingirmos a meta dos países em desenvolvimento. Só que, nesse ano, esses países estarão mais avançados ainda.

A grande notícia, essa sim extraordinária, é como a educação brasileira está aprendendo a acompanhar a qualidade de ensino – esse tipo de indicador é o que vai municiar a pressão crescente dos cidadãos.

Gilberto Dimenstein. *Folha Online*, 13 jun. 2008. (Folhapress.)

EDUCAÇÃO

EVASÃO

O número de crianças matriculadas no Ensino Fundamental (primeiro a nono ano) aumentou nos últimos anos, o que é uma notícia muito boa. A despeito disso, é muito grande o número de crianças que abandonam os estudos. Quando uma criança deixa a escola, fonte primária de cidadania, está praticamente condenada a se transformar em mão de obra desqualificada.

Se a criança não consegue aprender direito, sente-se desmotivada, sai da escola, e acaba buscando atividades que tragam um resultado mais imediato e palpável: dinheiro. É quando começa o ciclo de subempregos e trabalhos informais.

Acima. *Uma boa escola é resultado do esforço dos professores, diretoria, governo e comunidade. Na foto, alunos da escola municipal pública mais bem avaliada pelo MEC (Ministério da Educação). Barra do Chapéu, SP, 2007.*

Alunos-luz

Drago, que teve problemas com a escola, inaugura hoje sua exposição com fotos de alunos de um colégio público.

Estudar sempre foi para Victor Dragonetti (Drago) uma fonte interminável de aborrecimentos e humilhações. Expulso na 5ª série, sofreu um baque em sua autoestima e, desde então, ganhou o rótulo de "aluno-problema". Chegaram a aconselhar sua mãe a matriculá-lo em colégios que recebessem portadores de deficiência mental, entre outros problemas – ele sofreria de falta de orientação espacial. "Sabia que alguns professores diziam que eu era retardado." Por isso, hoje é um dos melhores dias na vida de Drago.

Nesta quarta-feira, Drago, 17, vai inaugurar sua primeira exposição fotográfica.

Por várias semanas, ele fotografou diariamente estudantes de uma escola pública e fugiu do óbvio em seu enquadramento. Procurou cenas em que os alunos mostrassem os olhos brilhando – e não as previsíveis imagens sombrias da educação pública. O jovem que supostamente sofria de "falta de orientação espacial" descobriu, aos 14 anos, um talento: fotografar.

A evidente habilidade com a fotografia não era suficiente para que ele superasse a baixa autoestima desenvolvida em seu histórico escolar.

Mas a descoberta ajudou-o a construir um projeto: entrar numa faculdade para estudar fotografia. Neste ano, encontrou um colégio (Indac) que lidasse com suas dificuldades e começou a mostrar seu trabalho. "Agora tenho certeza de onde está o meu futuro e só penso em investir nele."

Foi convidado a fazer profissionalmente um ensaio sobre alunos da escola estadual Carlos Maximiliano (Max), que, no ano passado, depois de passar por uma série de crises, iria fechar, mas se salvou por causa da mobilização de um grupo de alunos e professores, inconformados com o fechamento. Uma das táticas foi oferecer, em parceria com a comunidade, oficinas de dança, teatro, música, cinema, comunicação, literatura e artes plásticas. "Nessas oficinas, estava o meu foco."

À medida que as fotos eram reveladas e aparecia o brilho nos olhos dos alunos, decidiu-se que todo aquele material deveria virar uma exposição, que transformasse as paredes do Max numa galeria. Drago tirou o nome para sua exposição da raiz latina da palavra "aluno", que significa "sem luz". "Foram os dias de mais luz da minha vida." Por sorte, captados em sua máquina.

Gilberto Dimenstein. *Folha de S.Paulo,* 24 set. 2008. (Folhapress.)

EDUCAÇÃO

QUEM É ANALFABETO?

É polêmica a definição de analfabetismo. No Brasil, considera-se oficialmente alfabetizado quem sabe escrever um bilhete simples, isto é, quem consegue comunicar-se minimamente por escrito. Neste sentido, o país vem reduzindo sua taxa em velocidade constante. A PNAD (Pesquisa Nacional por Amostra de Domicílios) mostra que em 2009 a taxa de analfabetismo no Brasil era de 9,7% na população acima de 15 anos. Em 1992 ela era de 17,2%.

Mas não basta saber ler. Para a formação do cidadão consciente é imprescindível entender o que se está lendo. Aqueles que não conseguem desempenhar esse tipo de leitura são chamados de analfabetos funcionais. O Inaf (Indicador de Analfabetismo Funcional) apontou em 2011-2012 taxa de 21% de alfabetizados rudimentares, aqueles que conseguem apenas localizar informações explícitas em textos curtos.

A democracia é o regime que garante a liberdade de todos escolherem seus governantes, no entanto só se desfruta desse privilégio quando se escolhe conscientemente. E só existe escolha consciente quando há acesso à informação. Sem conseguir ler, os meios de um analfabeto obter informação e processá-la são muito limitados. Ninguém pode dizer que tem liberdade para escolher o sabor de um sorvete se não conhece os outros sabores, não é verdade?

Quanto mais informados os cidadãos, mais difícil será a vida de governantes incoerentes. E não se trata apenas de questão política. Trata-se de fazer valer todos os direitos. O direito de atendimento digno em hospitais públicos, de educação de qualidade em escolas do governo, de remuneração e benefícios trabalhistas justos, enfim, o direito de exercer integralmente sua cidadania.

CRIANÇA FORA DA ESCOLA SIGNIFICA MÃO DE OBRA DESQUALIFICADA.

O buraco é muito mais embaixo

O conhecimento é uma reserva valiosa que, apesar de estar na superfície, é uma riqueza longe de ser explorada.

A Petrobras informou, na semana passada, que vem encontrando muita dificuldade na contratação de profissionais – perfuradores, por exemplo – para trabalhar em plataformas de extração de petróleo. Esse é um dos gargalos para transformar em dinheiro as tão badaladas reservas recém--descobertas que viraram atração ›› mundial a ponto de o Brasil ser comparado à Arábia Saudita.

Até pouco tempo atrás, as notícias eram sobre os trabalhadores qualificados sem colocação, entre os quais muitos aceitavam bicos, pegavam qualquer vaga ou se mudavam para o exterior. Agora, o debate gira em torno de empresas como a Petrobras, cujos negócios estão ameaçados pelo gargalo do capital humano.

São esses alguns dos fatos que explicam por que o país finalmente vem colocando no topo de sua agenda de preocupações a expansão do ensino técnico – e por que o governo federal deu início a uma polêmica com lideranças empresariais ao tentar mexer na alocação dos R$ 8 bilhões anuais do chamado Sistema S (Sesi, Senai, Sesc e Senac, entre outros).

Num levantamento feito com 416 empresas brasileiras sobre quais seriam as atividades mais requisitadas no futuro das indústrias, a Firjan (Federação das Indústrias do Rio de Janeiro) constatou que, entre as dez primeiras colocadas, nada menos que sete são técnicas ou tecnológicas – é o caso das atividades de técnicos em produção, conservação e qualidade de alimentos.

Uma pesquisa realizada no início deste ano revelou que 77% dos egressos das escolas técnicas do Centro Paulo Souza, ligado ao governo de São Paulo, estavam empregados; entre os tecnólogos com formação superior, a porcentagem chegava a 93%. Há

um consenso de que o mercado de trabalho vai se abrir cada vez mais aos jovens com formação técnica, o que significa melhores salários – assim como é consenso que o Brasil não tem, neste momento, condições de ampliar rapidamente essa oferta. Note-se que as projeções indicam que, se tudo der certo, no futuro o Brasil terá 30% de seus jovens nas faculdades. Os 70% restantes terão de viver num mercado de trabalho cada vez mais sofisticado.

Há uma sensação de que se vive uma magnífica oportunidade. As empresas vão poder ampliar seus negócios e, ao mesmo tempo, os jovens terão mais e melhores empregos – o que significa distribuição de renda. De quebra, um novo papel será dado ao Ensino Médio público, cujo currículo hoje não atrai os jovens que desejam entrar logo no mercado de trabalho – a profissionalização é uma porta de saída.

Para completar, mais um atrativo, desta vez financeiro. O custo anual de um aluno numa universidade federal fica em R$ 9.400; numa escola técnica federal, cai para R$ 3.700. O Ministério da Educação alega que o Sistema S poderia gastar melhor se investisse mais na formação de técnicos de Ensino Médio, com cursos gratuitos e de maior duração.

Os empresários rebatem dizendo que já se oferece uma razoável cota de gratuidade e que seus cursos focam o aperfeiçoamento profissional – graças a isso, em parte, como afirmam as lideranças

EDUCAÇÃO

>>

empresariais, o Brasil construiu uma indústria sofisticada.
Alega-se também que o governo federal desperdiça muito dinheiro em seus programas de formação em convênio com sindicatos e entidades não governamentais.
Apesar de ruidosa – afinal, está-se lidando com uma soma de R$ 8 bilhões –, a polêmica sobre o Sistema S é apenas um detalhe de uma agenda que veio para ficar. O que se discute por trás do debate sobre o ensino técnico é o avanço na inclusão e a melhoria na produção, ou seja, maiores lucros e salários.
O conhecimento é uma reserva muito mais valiosa do que a de petróleo a ser extraído da profunda camada pré-sal. É uma riqueza que, apesar de estar na superfície, está longe de ser explorada – na questão educacional, o buraco é muito mais embaixo.

Gilberto Dimenstein. *Folha de S.Paulo*, 12 maio 2008. (Folhapress.)

✕
Abaixo. *É preciso investir não apenas na formação dos professores, mas também na construção e manutenção de escolas. Na foto, crianças têm aula ao ar livre por falta de escola adequada na cidade. Santa Brígida, BA, 1999.*

OS PROFESSORES PRECISAM SER SALVOS

Estamos acostumados a quantificar o desenvolvimento do país por indicadores como balança comercial, estabilidade da moeda, quantidade de portos e estradas, autonomia energética, nível de desemprego, entre outros. Que tal incluirmos nessa lista a qualificação dos professores?

Uma nação civilizada se constrói também com a democratização do conhecimento, o que implica boas escolas públicas e bons professores. A ideia é simples, óbvia, mas ainda não se concretizou.

Em 2009, a UNESCO (Organização das Nações Unidas para a Educação, a Ciência e a Cultura) publicou um extenso relatório intitulado *Professores do Brasil: impasses e desafios*. Nele, embora haja a importante ressalva de que "é preciso ter em mente que a oferta de bens culturais é muito variável conforme as localidades", alguns dados chocam: 28% leem no máximo dois livros por ano, 35% dizem ler jornais raramente, 19% usam a internet como fonte de informação. Evidentemente, eles não são culpados por esse cenário; na verdade, são vítimas dele.

Se ajudarmos os professores – com formação de qualidade e apoio sistemático para que tenham acesso facilitado a bens culturais –, vamos salvar o Brasil de um futuro socialmente frágil.

Professora dá lição de prazer

Ângela Bellittani colocou colégio da zona leste no topo da lista das escolas municipais de São Paulo no Ideb.

Desde que nasceu, Ângela Inês Pretini Bellittani sempre esteve cercada de professores por todos os lados. Seus pais, tios, primos e a irmã davam aulas. Fugindo à tradição familiar, ela entrou numa faculdade de biologia com planos de viver num laboratório fazendo pesquisa, mas acabou preferindo lecionar também. "Minha paixão estava mesmo em ser professora."

Mesmo numa escola pública. Agora, com 34 anos de magistério, ela é protagonista de uma façanha que a transforma numa das heroínas anônimas da cidade de São Paulo. Há 12 anos, Ângela dirige uma escola pública na zona leste chamada Guilherme de Almeida. No ranking de qualidade de ensino (Ideb), divulgado no mês passado pelo Ministério da Educação, o colégio aparece em

>>

EDUCAÇÃO

» primeiro lugar entre as escolas municipais da cidade de São Paulo. Está quase no patamar das nações desenvolvidas – fica muito longe da média da capital e mais ainda da média da zona leste. A receita de Ângela começa com algo bem simples: gostar do que faz, ter prazer em ensinar. "Nem me passa pela cabeça a aposentadoria."

Apenas o prazer, porém, não iria tão longe se Ângela não tivesse montado e mantido uma mesma equipe ao seu lado por muitos anos – conseguiu, assim, escapar da praga da rotatividade e do absenteísmo que infesta a educação pública, especialmente as escolas da periferia. Diretora e coordenadora trabalham juntas há 12 anos; o corpo docente quase não muda faz quatro anos. "Eu jogo duro", afirma. "Jogar duro" significa não admitir atrasos e faltas nem dos alunos nem dos professores. "Para mim, o fundamental é a união da comunidade escolar", o que, na prática, significa estabelecer pactos de responsabilidade. As famílias dos estudantes da Guilherme de Almeida sempre são acionadas para ajudar a resolver problemas.

Há muitos anos, são realizadas avaliações internas – antes mesmo de serem exigidas por testes nacionais ou municipais – e, com base nos resultados obtidos, os professores dão aulas de recuperação.

Os resultados das provas dos alunos apenas reforçam o prazer de ensinar que Ângela aprendeu em casa – um prazer misturado a um sentido de missão. "Vejo a escola pública como um serviço que temos de prestar para a comunidade, não como um favor." Essa visão familiar estava até agora reconhecida publicamente apenas no nome de uma escola da zona leste, chamada Professora Cândida Dora Pretini, mãe de Ângela.
Mas certamente a maior homenagem a uma família é ter o nome associado a uma escola pública em que os alunos aprendem e os professores sentem prazer em ensinar.

Gilberto Dimenstein. *Folha de S.Paulo*, 2 jul. 2008. (Folhapress.)

EXCLUSÃO DIGITAL

A INCLUSÃO DIGITAL É UMA FERRAMENTA DE ESTÍMULO PARA O CONHECIMENTO.

Ouvimos muito falar que não se podem medir esforços para que a população brasileira seja incluída digitalmente. De fato, o domínio dos programas de computador e acesso à internet é ferramenta essencial para se conseguir uma vaga no mercado de trabalho. Uma boa formação profissional inclui o conhecimento digital.

Tanto é verdade que o governo federal, com o objetivo de levar os computadores à grande parte da população, criou em 2003 o programa Computador Para Todos, que tem como meta baratear o custo do equipamento e aumentar a inclusão digital.

Outra iniciativa do Estado é o programa Acessa São Paulo, que tem como missão garantir o acesso gratuito às tecnologias de informação e comunicação. Implantado em 2000, em 2012 já são mais de 700 postos de atendimento com internet de graça e 2,5 milhões de usuários registrados. Além disso, o site disponibiliza conteúdo online para desenvolver competências na área de informática e internet.

Porém, o caminho para a universalização do acesso à informática e internet ainda é longo. De acordo com o Censo 2010 do IBGE, 38,3% dos domicílios tinham computadores e 30,7% tinham acesso à internet. A proliferação de dispositivos móveis e o barateamento geral dos serviços levam a crer que a popularização, mais cedo ou mais tarde, ocorrerá, mas, para milhões de pessoas, o canal de aprendizado e comunicação ainda não é o virtual.

E acima de tudo, não podemos subestimar o uso dessas ferramentas: o computador e a internet devem estar na vida do jovem porque esse contato é saudável e imprescindível para o seu futuro. Mas não devemos achar que as novas tecnologias substituem a figura do professor bem preparado e da boa leitura. As novas tecnologias auxiliam e estimulam o aprendizado, porém sozinhas não são eficientes.

Abaixo. *O domínio do computador e da internet é fundamental para uma boa colocação no mercado de trabalho. Na foto, crianças da periferia baiana têm aula de informática. Salvador, BA, 2007.*

EDUCAÇÃO

POLÍTICA DE COTAS

Com o anseio de democratizar a educação superior, prosperam grupos que pedem mais vagas nas universidades federais e estaduais para facilitar o ingresso das chamadas "minorias".

Apesar de a política de cotas raciais não ser obrigatória, muitas universidades federais já a adotam em seus exames de admissão, e, em 2008, foi aprovado pela Comissão de Educação do Senado o projeto que prevê reserva de vagas em universidades federais para estudantes da rede pública. A corrida pelo diploma do Ensino Superior é resultado tanto do crescimento do número de matriculados no Ensino Médio, que pressionam por mais vagas nas faculdades, como das exigências do mercado de trabalho, no qual o diploma universitário e a informática começam a ser considerados qualificações mínimas para funcionários dos mais diversos níveis.

Com exceção das escolas técnicas, a escola pública em geral não dispõe de boas bibliotecas, nem de laboratórios de informática e de ciências; as classes são lotadas; os professores, mal remunerados, costumam dar aulas em mais de uma escola para complementar a renda.

Estudos recentes revelaram que, ao contrário do que se imagina, um número significativo de alunos de escolas públicas consegue entrar na faculdade. O problema dessa informação é que ela leva em conta apenas a média. Nos cursos mais disputados, como medicina ou jornalismo, chega a ser desprezível a quantidade de alunos não oriundos de instituições particulares de ensino.

A médica dos sonhos em estado terminal

Camila tinha de enfrentar, então, o duplo desafio de ter uma educação de qualidade, além de não ter de trabalhar.

Camila Mendonça Vieira concluiu, no ano passado, que, se quisesse entrar numa faculdade pública de medicina, teria de se submeter a uma lista de prazeres proibidos: viagens, namoro, festas e judô, seu esporte favorito. A lista dos prazeres proibidos reflete a consciência de uma improbabilidade estatística – a chance de Camila virar médica era como um sonho em estado terminal.

Filha de uma família pobre e desestruturada na cidade de São Paulo, Camila lembra-se de sua escola pública, no Ensino

>>

>>

Fundamental, sem saudade: professores desinteressados e faltosos, banheiros sujos, violência entre alunos (muitos dos quais mal sabiam ler e escrever), salas de informática e bibliotecas trancadas. O desafio dela começa no fato de que apenas 0,6% dos alunos que saem do Ensino Médio público, em São Paulo, tem um nível avançado em Matemática; em Português, o índice é de 0,1%. Nível avançado é o mínimo que se pode esperar de alguém disposto a enfrentar, como em um curso de medicina, uma disputa de cem candidatos por vaga.

Por causa desses números, em sabatina promovida pela *Folha*, na terça-feira passada, o ministro Fernando Haddad afirmou que o Ensino Médio é o elo mais frágil da educação brasileira. Os sinais mais visíveis dessa fragilidade são a piora das notas e o aumento da evasão. Estima-se uma carência de até 250 mil professores no Ensino Médio, especialmente de Física, Química, Matemática e Biologia. Essas carências são mais um fator a expulsar os adolescentes da escola. Na sexta-feira passada, o IBGE informou que 2,4 milhões de adolescentes entre 15 e 17 anos trabalham.

Camila tinha de enfrentar, então, o duplo desafio de ter uma educação de qualidade para ficar entre o 0,6% de desempenho avançado em Matemática e o 0,1% em Português, além de não ter de trabalhar. Para fugir da condenação estatística, ela passou no concurso para uma escola técnica estadual, o Centro Paula Souza. De manhã, fazia o Ensino Médio regular e, à tarde, nutrição.

Nas noites, debruçava-se nas apostilas de cursinhos e nos simulados espalhados pela Internet. Todo o esforço, entretanto, não foi suficiente para entrar em medicina. "Foi quando eu percebi, com clareza, o tamanho da batalha." Apesar de ter chance de um emprego garantido na área de nutrição, ela preferiu continuar tentando. Foi selecionada para uma experiência desenvolvida pela FIA (Fundação Instituto de Administração), da USP, com o apoio de empresas privadas, em que se oferece o cursinho pré-vestibular em tempo integral, além dos sábados, com direito a uma bolsa em dinheiro. "Senti que talvez fosse minha última chance." Foi aí que possíveis namorados ou qualquer coisa que sugerisse prazer foram riscados de seu mapa emocional. Se falhasse, não teria mais como ficar fora do mercado de trabalho; os recursos da bolsa ajudavam-na a manter as despesas de sua casa, onde morava com a mãe.

Camila entrou, neste ano, na Faculdade de Medicina da Universidade Federal de São Carlos, onde pensa em se especializar em neurocirurgia ou oncologia. Logo no primeiro dia em que se mudou para o interior, percebeu que iria enfrentar mais batalhas para conseguir seu diploma. Quase dormiu na rua. Ainda não sabe até quando terá os R$ 200 >>

EDUCAÇÃO

>>

mensais para dividir o aluguel de um apartamento, sem contar os demais gastos. "Sei que, se quiser me formar, não posso trabalhar."

Com a confiança de ter superado a improbabilidade estatística e curado

um sonho em estado terminal, ela não parece tão assustada – é mais um dos obstáculos que terá, seja como for, de enfrentar.

Gilberto Dimenstein. *Folha de S.Paulo*, 30 mar. 2008. (Folhapress.)

×

Abaixo. *A educação é a base de uma sociedade. A falta dela resulta em problemas sociais. Na foto, criança vende bandeiras do Brasil em farol. São Paulo, SP, 2006.*

DEPENDE DE NÓS

É comum ouvirmos falar nos jornais, revistas e televisão sobre a "crise da educação". Depredações em escolas, professores desinteressados, baixas notas em pesquisas internacionais, tudo isso colabora para que joguemos o problema para cima do governo e achemos que não temos responsabilidade por ele. O que é um erro.

A qualidade da educação no Brasil também depende de nós. Como já vimos, ela é a base de todos os problemas sociais: sem educação não se consegue um bom emprego, sem ele, não temos dinheiro. Sem educação não sabemos nos defender contra a desnutrição, contra a mortalidade infantil.

É nosso dever não permitir que crianças e jovens abandonem a escola precocemente para trabalhar em subempregos, privando-os de ter uma carreira no futuro. É na escola que a criança vai aprender desde cedo a exercer a cidadania. Respeitar o espaço público, os colegas, a autoridade do professor e a importância do conhecimento é uma lição que apenas a escola pode dar à criança.

Mostrar uma postura interessada em sala de aula ajuda a melhorar a educação do Brasil, porque faz do aluno um disseminador de conhecimento. Também é preciso entender que o conhecimento não está apenas na sala de aula: ele está nos livros, na internet, em exposições, museus e na experiência de pessoas mais velhas.

Se a escola não oferece ensino de qualidade, é dever de pais, alunos, professores, diretores, do governo, enfim, de toda a comunidade, melhorá-la. Educação é a base para um país melhor. A escola é um bem público e cabe a todos colaborar.

×

Ao lado. *Não é apenas sentados à frente da lousa que as crianças e jovens aprendem. Eles devem interagir com o mundo em que vivem. Na foto, crianças visitam o Museu de Zoologia da USP. São Paulo, SP, 2005.*

Cena do documentário Pro dia nascer feliz.

SUGESTÃO DE FILME

PRO DIA NASCER FELIZ
(Brasil, 2006, direção de João Jardim)
Documentário sensível e abrangente que registra o cotidiano de alunos e professores de escolas públicas e particulares de diferentes cidades brasileiras. O filme documenta o ambiente escolar e doméstico de alunos e professores e dá voz a esses personagens, que expõem suas reflexões sobre o papel da escola na formação de pessoas críticas, atuantes e felizes.

SUGESTÕES DE SITES

www.goldeletra.org.br
A Fundação Gol de Letra busca transformar a realidade ao garantir às crianças carentes o direito à educação, à cultura e à assistência social.

www.todospelaeducacao.org.br
O site reúne representantes da sociedade civil, da iniciativa privada, organizações sociais, educadores e gestores públicos de educação com o objetivo comum de garantir educação básica de qualidade para todos os brasileiros até 2022, bicentenário da Independência do país.

HTTP://SITES.ATICASCIPIONE.COM.BR/CIDADAODEPAPEL/INDEX.HTML

As crianças brasileiras têm direito as um futuro melhor, possível só com educação. Acesse o site e confira notícias e artigos sobre o assunto.

TODO SER HUMANO TEM DIREITO A LAZER.

Eduardo Anizelli / Folhapress

10 MERCADO CULTURAL

CULTURA E ECONOMIA

A cultura é hoje parte importante da vida das pessoas. Quando alguém consome cultura – ou seja, quando assiste a um filme, a um desenho ou a um seriado, lê um livro ou uma revista, ouve música etc. –, está consumindo algo que, da mesma forma que um par de tênis, um carro ou um chiclete, é produzido por uma indústria complexa, que emprega muitos profissionais (direta e indiretamente) e que, como qualquer outra, precisa ter lucro para sobreviver. Estamos falando do mercado cultural.

O que movimenta o mercado cultural é a combinação de dois fatores: o artista querendo vender sua arte e o público querendo se entreter. Pautados no gosto do público, as gravadoras, editoras, galerias e museus selecionam certos artistas para lançar, já que não há espaço para todos no mercado formal. Depois de escolhido, o produto cultural produzido pelo artista vai passar pelo mesmo processo a que outros produtos são submetidos: será produzido, divulgado, comercializado e distribuído. Movimenta assim muito dinheiro na economia do país.

Nos últimos anos, vem crescendo a participação do setor cultural no PIB (Produto Interno Bruto) brasileiro. Atentos a esse aumento, os últimos governos aumentaram as verbas destinadas à cultura, o que faz com que o setor tenha condições de disponibilizar produtos de melhor qualidade. Cria-se, assim, um círculo virtuoso: mais pessoas gastam com cultura porque a qualidade dos produtos culturais melhorou, e a qualidade desses produtos fica cada vez melhor porque há investimentos do governo e maior consumo.

O maior desafio de quem produz, divulga, distribui e estimula a cultura, um direito de todo cidadão, é torná-la acessível a um número cada vez maior e mais variado de públicos.

Cidade sem catracas

São Paulo tem todas as condições de oferecer uma extensa programação cultural de baixo custo ou gratuita.

Um grupo de adolescentes entrou, na terça passada, pela primeira vez num cinema.

Pelos comentários, eles pareciam se sentir num cenário de ficção: o carpete, as poltronas confortáveis, a imensa tela que se destacava na sala escura e a potência do som. A ficção não estava, para eles, na tela, mas fora dela. O filme era apenas uma ››

MERCADO CULTURAL

Acima. *A cultura movimenta dinheiro na sociedade moderna. Na foto, adolescentes consomem produtos culturais em shopping paulistano. São Paulo, SP, 2008.*

»
extensão de sua realidade.
Aquele grupo integrava caravanas de jovens que vieram das áreas mais pobres da já empobrecida periferia para assistir ao filme *Linha de passe*. Para muitos deles, a fantasia já tinha começado quando entraram num ônibus com ar-condicionado em direção à rua Augusta, onde está o Espaço Unibanco.
É um excelente filme, mas a melhor tomada, disparado, foi o deslumbramento de alguns dos espectadores, quando, depois de acesas as luzes, apareceram os atores para o debate. Ouviram um dos atores, Kaique Santos, dizer que nenhum dos seus amigos da escola o veria no cinema. A emoção e a agudeza dos comentários brotavam da cumplicidade com a falta de perspectiva dos adolescentes do filme, divididos entre as esperanças do futebol e da religião.

»

Nessa imagem cinematográfica está o valor de uma das poucas e boas inovações que aparecem no debate eleitoral de São Paulo.

Todos os principais candidatos a prefeito colocaram em seu programa a educação em tempo integral. Mas a novidade é a proposta, também consensual, de fazer dessa ampliação da jornada escolar um encontro entre educação e cultura, levando os estudantes a ocupar a cidade – se esse tipo de projeto vai sair do papel é o que vamos ver. Nessa derrubada de catracas, há uma enorme chance de atiçar a curiosidade das crianças e dos adolescentes, ao tirá-los de salas de aula e colocá-los no teatro, no cinema, num parque ou numa exposição. Ilusão?

A cidade de São Paulo tem todas as condições de oferecer uma extensa e intensa programação complementar às escolas e, assim, aumentar o repertório cultural de seus estudantes. Um dos exemplos, aliás, é o anúncio, feito na semana passada, de que a USP vai abrir seus laboratórios para alunos de escolas públicas. Há muito mais atrações gratuitas ou a preços populares do que se imagina. O que ocorre é que estão fragmentadas e desconectadas. Estou vendo isso com nitidez por causa de uma experiência de jornalismo comunitário em que estou participando, conduzida por recém-formados da USP, Mackenzie, Metodista e PUC (Pontifícia Universidade Católica). Pelas redes da internet, eles se propuseram a montar um mapa digital (www.catracalivre.com.br) das atividades gratuitas ou a preços populares da cidade de São Paulo. Os eventos culturais deveriam servir como pretexto para que o leitor tomasse contato com as mais diferentes possibilidades educativas, compartilhadas por estudantes e professores numa autoria coletiva. Um exemplo: está acontecendo na Estação Ciência, da USP, uma exposição gratuita sobre o coração. Pelo mapa, é possível, usando como estímulo aquela exposição, fazer uma viagem pelo corpo humano, num projeto criado pelo departamento de telemedicina da USP. Há um show de rock programado para hoje na galeria Olido – o projeto permite que o evento presencial sirva de aula a distância sobre a história do rock. Resultado: uma enxurrada crescente de dicas.

Amplia-se a rede dos CEUs e das Fábricas de Cultura, sem contar programas de música (Guri), dança e teatro (Teatro Vocacional). Somem-se a isso as programações das bibliotecas públicas e dentro das universidades. Só nas próximas semanas vão surgir mais três museus, impossíveis sem o apoio privado – são os Museus do Futebol, da Criança (Fundação Catavento) e do Meio Ambiente (Praça Victor Civita). Não faltam atrações em espaços da Caixa Econômica Federal, do Banco do Brasil, Centro da Cultura Judaica, Cosipa, Itaú e Unibanco, assim como nas livrarias da Vila,

MERCADO CULTURAL

» Fnac e Cultura. Redes de cinema oferecem ingressos por até R$ 1. Abrem-se mais oportunidades com a decisão (isso se for cumprida) de que um terço das atividades culturais do Sistema S seja gratuito às escolas públicas.
Até mesmo em lugares improváveis, como num boteco, faz-se um ponto de troca de conhecimento. Foi do Bar do Zé Batidão, na zona sul, que se espalhou a moda de saraus poéticos na periferia.

Tudo isso será um desperdício se o poder público não souber fazer a ponte entre a cidade e a escola, fazendo de uma visita a uma exposição algo mais do que um evento episódico – esse desperdício é a regra. Um caso a ser acompanhado são os manuais entregues aos professores da rede estadual sobre como tirar proveito de uma visita a um museu. Ainda não dá para avaliar seu funcionamento.

Não separar educação e cultura, quebrando os muros das escolas, é possivelmente o melhor caminho para uma cidade sem catracas. O que se consegue é aquela emoção dos jovens que foram pela primeira vez ao cinema – se conheceram melhor vendo-se refletidos na tela.

Gilberto Dimenstein. *Folha de S.Paulo, 14 set. 2008.* (Folhapress.)

✕
Abaixo. *Livros, exposições e filmes podem mudar o jeito de crianças e jovens enxergarem o mundo e fazem parte do aprendizado, tanto como a escola. Na foto, crianças em sala de cinema entretidas com um filme. São Paulo, SP, 2008.*

A iniciativa privada e o terceiro setor, representado pelas ONGs (organizações não governamentais), atuam de modo fundamental nesse processo. Os incentivos fiscais, pelos quais uma empresa que estimula a cultura abate parte de seus gastos no imposto de renda, fomentam a produção e a distribuição de diversos produtos culturais.

O cinema brasileiro dos últimos anos é fruto dessas iniciativas. A partir de meados da década de 1990, teve início o movimento que ficou conhecido como "retomada do cinema brasileiro", com filmes elogiados pela crítica nacional e internacional e que voltaram a encher as salas de cinema, como *O quatrilho* (1994), *Carlota Joaquina* (1995), *Central do Brasil* (1998), *Cidade de Deus* (2002), *O ano em que meus pais saíram de férias* (2006), *Tropa de elite* (2008; e sua continuação em 2010), *Linha de passe* (2008), *Meu nome não é Johnny* (2008), entre muitos outros.

O público ganhou com isso, e não somente no que diz respeito à qualidade dos filmes, alavancada pelas verbas maiores. Houve também um significativo aumento na quantidade de filmes produzidos. Com mais filmes produzidos, distribuídos e levados às telas, a indústria cinematográfica brasileira criou postos de trabalho. Eis um exemplo de como a cultura pode ajudar na economia de um país.

Uma estrela na linha de passe

Nenhuma atriz brasileira veio de tão baixo e subiu tão alto quanto Sandra Corveloni, em 2008 eleita melhor atriz em Cannes.

O desfecho previsível da vida de Sandra Corveloni seria a derrota profissional – migrante, filha de pais quase sem escolaridade, moradora da periferia de São Paulo e estudante de escola pública. Mas nenhuma atriz brasileira veio de tão baixo e subiu tão alto em reconhecimento internacional. Como ela ultrapassou tantas barreiras para ser eleita, na semana passada, a melhor atriz no Festival de Cannes?

Apenas o seu talento não explicaria esse desfecho. Nem a habilidade de seus diretores, Walter Salles e Daniela Thomas, no filme *Linha de passe*, em que Sandra é uma mãe enfrentando as agruras da periferia, onde a falta de perspectiva transforma o futebol num dos poucos sonhos disponíveis aos jovens. Para ir tão longe, Sandra precisou colocar-se, na própria vida, na linha de passe desde menina; ela precisou se meter num roteiro de aprendizados.

O caso dela me levou a tentar comprovar o que tenho observado em personagens periféricos que se destacam profissionalmente: além do talento e da força de vontade acima da média, existem ›

MERCADO CULTURAL

>>

sempre fortes referências familiares associadas ao prazer ou à importância do aprender.
Pedi-lhe que contasse sobre as figuras marcantes de sua vida. Sobressaiu a imagem do avô, José Crepaldi, agricultor, pobre, que pouco frequentou a escola, mas vivia agarrado a um grosso livro de veterinária. "O livro e meu avô eram quase inseparáveis. Era a sua bíblia." Lia e observava, curioso, como os veterinários profissionais tratavam os animais. Gravava o nome dos remédios e dos tratamentos.
Aquele agricultor, mesmo sem escolaridade, virou um veterinário autodidata e começou a ganhar alguns trocados porque era chamado para tratar de animais. A menina carregou para sempre a imagem do avô, em deleite, agarrado ao livro esgarçado. O velho morreu pobre – mas realizado.

Clarice, a mãe de Sandra, nunca foi à escola, mas também trouxe de casa – ela já observava o pai encantado com a veterinária – a importância do conhecimento. Do seu jeito, ela percorreu a mesma trajetória do prazer em aprender: inventava receitas, criava modelos de roupas ou construía móveis. "Minha mãe sempre tinha uma história para contar de alguma coisa que ela tinha feito." Nem que fosse a adaptação de uma receita de bolo que ouvira no rádio ou na televisão.
Exigia que a filha estudasse e que as lições, que lhe eram incompreensíveis, estivessem benfeitas.
Sandra não precisava receber cobranças. Lembra-se de uma

professora da primeira série, chamada dona Gema, que dava ares de festa para a escola. Ensinava cantigas de roda, contava histórias tiradas de livros coloridos, convertia papel e cola em peças de arte.
Durante toda a sua trajetória em escola pública, sempre participou do que lhe ofereciam: grêmio, dança, coral, gincana, teatro, jornal. Todo esse entusiasmo cultural dava-lhe satisfação, mas dificilmente seria fonte de renda. Ingressou num curso técnico gratuito do Senai e, depois, entrou numa faculdade de engenharia, algo que nem remotamente seria acessível a qualquer pessoa de sua família. Não era o suficiente. Podia ter parado aí, com salário, carteira assinada, e já estaria muito bem.

Sua paixão estava na carreira de atriz, descoberta desde que participou de oficinas gratuitas no Sesc. A ex-futura engenheira química preferiu o palco e partiu para estudar teatro no Tuca. Fez de tudo para sobreviver. Até animação de festinha infantil. Possivelmente ser a estrela reconhecida em Cannes era, até a semana passada, uma possibilidade tão remota quanto seu avô, autodidata, ter sido tratado como doutor.
Além do reconhecimento artístico, o prêmio serve como condecoração ao prazer de se reinventar de uma menina que ganhou holofotes em Cannes, mas cujo futuro começou a ser escrito com palavras científicas de um obscuro livro de veterinária.

Gilberto Dimenstein. *Folha de S.Paulo,*
1º jun. 2008. (Folhapress.)

A INTERNET COMO DISSEMINADORA

Até agora falamos de como os produtos culturais movimentam dinheiro na economia do país. Todo o ciclo de produção e comercialização envolve diferentes setores e cria muitos postos de trabalho, diretos e indiretos.

Mas será que cultura é somente aquilo que aparece na tevê, toca no rádio, passa no cinema, está nos museus ou nos livros? Será que podemos dar o nome de "cultura" apenas ao que está envolvido num esquema industrial para ser produzido e chegar ao público?

Se observarmos atentamente, além da programação de shows, peças, filmes e exposições, perceberemos um forte movimento das minorias para mostrar sua cultura. A internet vem desempenhando um papel bastante importante, já que qualquer grupo, artista ou comunidade pode expor seu trabalho. Muitos bons artistas antes não tinham a chance de levar ao público sua obra por não terem sido selecionados pelo concorridíssimo mercado cultural, ou seja, museus, gravadoras, cinemas, editoras etc.

A internet oferece a possibilidade de esse artista submeter suas obras à apreciação do público. Hoje em dia já encontramos o conteúdo de quem quiser se fazer conhecer disponível na rede ao alcance de apenas um clique. Esse é um dos benefícios mais democráticos trazidos pela internet. Nunca na História cultura e cidadania andaram tão próximas.

CULTURA DO POVO

Como podemos ver, o conceito do que é cultura é bastante amplo. Cultura é tanto o que passa na televisão como a música nova que descobrimos na internet. Agora, você sabe aquela tia que faz uma receita de família deliciosa? Sabia que isso também é cultura? Ao reproduzir o que a sua mãe fazia, e o que a mãe de sua mãe fazia, ela está igualmente registrando uma tradição e a transmitindo para as próximas gerações.

Esse resgate e essa reprodução do costume dos nossos antepassados acontecem de várias formas. Como no exemplo acima, a culinária é um meio de conhecermos outras culturas. O canto e a dança são também modos de transmissão de costumes, como o frevo, que representa a viva cultura de Recife (PE). As lutas orientais, como o caratê e o judô, mostram muito do jeito de pensar desses povos.

No Brasil, como mais puro exemplo da miscigenação temos a capoeira, uma luta afro-brasileira, que foi trazida para cá nos tempos da escravidão e

MERCADO CULTURAL

hoje é praticada por um número cada vez maior de pessoas que querem aprender mais sobre os costumes dos africanos.

Nas grandes cidades, além da intensa programação cultural que normalmente é oferecida, encontramos nas periferias o movimento cultural hip-hop, que é uma forma de reação às injustiças e violências que as classes menos favorecidas sofrem. Por meio das letras de músicas, protesta-se contra o preconceito racial, a miséria e a desigualdade social. Esse é um exemplo de como a boa forma de protesto nem sempre é violenta.

Abaixo. *O hip-hop é um movimento cultural que dá voz à periferia. Na foto, alunos de escola pública ensaiam a breakdance. São Paulo, SP, 2008.*

Como um bar virou centro cultural

Os mais jovens, especialmente rappers e sambistas, foram transformando o bar do Zé Batidão em centro cultural.

Um grupo de 17 poetas da periferia começou a se reunir, há seis anos, no bar do Zé Batidão, vizinho ao cemitério São Luiz, notabilizado por ser o local em que existem mais jovens enterrados por metro quadrado.

O cemitério está no Jardim Ângela (zona sul de São Paulo), apontado em documento da ONU (Organização das Nações Unidas) como uma das regiões mais violentas do mundo. "Escolhemos o bar por absoluta falta de espaço para a convivência", conta Sérgio Vaz, um dos fundadores desse movimento de poetas da periferia. Aos poucos, os mais jovens, especialmente rappers e sambistas, foram transformando o bar do Zé Batidão em centro cultural, no qual se produziam livros e formavam grupos musicais. Alguns deles, para poderem se expressar melhor, voltaram a estudar, interessados, via literatura, pela língua portuguesa. Todas as quartas-feiras, os saraus do Zé Batidão ficam lotados – e cada vez mais lotados –, já que viraram um ponto de referência não só do bairro mas da cidade de São Paulo: mais de 300 pessoas reúnem-se apenas para declamar e ouvir poesias.

Por causa do horário e da bebida, os menores de 18 anos não iam até os saraus, até porque tinham de acordar bem cedo para ir à escola no dia seguinte. Resultado: como as crianças não podiam ir à poesia, a poesia foi até elas. Foram montados, neste ano, saraus dentro das escolas.

A experiência deu tão certo que as escolas começaram a organizar os seus próprios saraus. "Os alunos nunca tinham ouvido alguém declamar uma poesia", conta Sérgio Vaz. Alguns dos estudantes descobriram que, ao se expressarem, se sentiam mais confiantes.

Na medida em que se criava um centro cultural naquele improvável bar, na vizinhança de um cemitério que se prestava à contabilidade diária da selvageria – e, portanto, da falta de valor da palavra –, o Jardim Ângela se transformava, devido a uma articulação pela paz, comandada inicialmente por religiosos. Despencou o número de assassinatos, o que ajudou na queda da taxa geral de homicídios da cidade de São Paulo, que, desde 1999, caiu 72%.

O bar do Zé Batidão é a porta de saída da vulnerabilidade juvenil brasileira, exposta, na semana passada, em pesquisa da Ritla (Rede de Informação Tecnológica Latino-Americana). Os dados só reforçam o fato de que a juventude é a maior bomba social brasileira, refletido nos níveis de violência. O mais trágico dos

»

MERCADO CULTURAL

>>
dados: 7 milhões de jovens de idades entre 15 e 24 anos nem estudam nem trabalham.

A pesquisa informa que, mesmo entre os que estudam, o aprendizado é baixo, a começar da língua portuguesa. A imensa maioria deles não chega ao Ensino Médio e, muito menos, à faculdade. Foi no ano de 2007 que ficou mais clara a tragédia no Ensino Médio, no qual faltam professores, e começaram a se esboçar soluções que vão desde a oferta de merenda até mudanças curriculares, com a aproximação dos alunos aos cursos profissionalizantes. Essa aproximação dá mais sentido ao currículo, conectando-o à realidade e ajudando a combater o apagão de trabalhadores qualificados. Nunca se falou tanto, como agora, do valor do ensino técnico.

Um saldo do ano de 2007 é o estímulo a planos que valorizem a aproximação da escola com a comunidade, de projetos nos quais se misturem, numa mesma malha territorial, educação, saúde, cultura, esporte e geração de renda. Esse é o sentido de programas federais que disseminam os bairros educativos nas regiões metropolitanas ou da extensão das ações de saúde para dentro das escolas. São projetos que ainda estão engatinhando e ainda estão longe de terem montado esquemas sólidos de gestão, mas, pelo menos, já apresentam um olhar mais sofisticado diante dos jovens, capazes de se encantar mais com a língua portuguesa estimulados por saraus em um bar do que com a burocrática professora exigindo a decoreba da chamada norma culta.

Quanto mais se aproximar a rua da escola e a escola da rua, menor o risco de vulnerabilidade juvenil – teremos mais trabalhadores qualificados e menos marginais. Ou mais jovens declamando poesias e menos adolescentes enterrados em um cemitério.

Gilberto Dimenstein. *Folha de S.Paulo*, 23 dez. 2007. (Folhapress.)

✕
As atrizes Negra Li, Quelynah, Leilah Moreno e Cindy em cena de Antônia – O filme.

SUGESTÃO DE FILME

ANTÔNIA – O FILME
(Brasil, 2006, direção de Tata Amaral)
Na periferia de São Paulo, quatro amigas de infância batalham pelo sonho de viver de sua música. O primeiro desafio é deixar os *backing vocals* da banda de rap formada só por rapazes para montar sua própria banda, Antônia. Descobertas por um empresário, elas começam a cantar rap, MPB, pop e *soul* em bares e festas de classe média. Mas, quando o sonho de fazer algo da vida parece tomar corpo, as viradas de um cotidiano marcado pela pobreza, pela violência e pelo machismo ameaçam o grupo.

SUGESTÕES DE SITES

www.catracalivre.com.br
Agenda cultural da cidade de São Paulo com o que ela oferece de melhor e de graça.

www.culturaemercado.com.br
Blog coletivo e rede de informação sobre políticas culturais. Com jornalismo crítico e investigativo, faz análise, acompanhamento e proposição de políticas para a cultura.

HTTP://SITES.ATICASCIPIONE.COM.BR/CIDADAODEPAPEL/INDEX.HTML

A cultura combinada com a educação é o melhor caminho para a inclusão social. Acesse o site e confira notícias e artigos sobre o assunto.

CONCLUSÃO

Chegamos ao fim do livro. Nesta viagem pelas engrenagens da crise social brasileira e da fragilidade de nossa cidadania, vimos que a crise afeta todas as pessoas, mas de modos diferentes.

Alguns acreditam que cidadãos de classe média e alta estão seguros, afinal eles têm dinheiro, casa, carro, plano de saúde e estudam em boas escolas. Mas será que dá para se sentir à vontade tendo tudo isso e sabendo que a grande maioria da população é privada dos direitos mais básicos?

Depois da leitura do livro, concluímos que muito já foi feito para reverter o estado de coisas em que nosso país se encontra, mas vemos também que muito, muito mesmo, ainda há para ser feito.

E a certeza que todos temos é de que não adianta ficar de braços cruzados esperando que os governantes ou "o outro" tomem alguma atitude. A transformação da sociedade está em nossas mãos e, mais do que tudo, nas *suas* mãos, jovem consciente e atuante hoje e adulto consciente e atuante de amanhã. É dever de todos tirar a cidadania do papel e fazer com que nossos direitos e deveres sejam cumpridos.

Gilberto Dimenstein

SOBRE O AUTOR

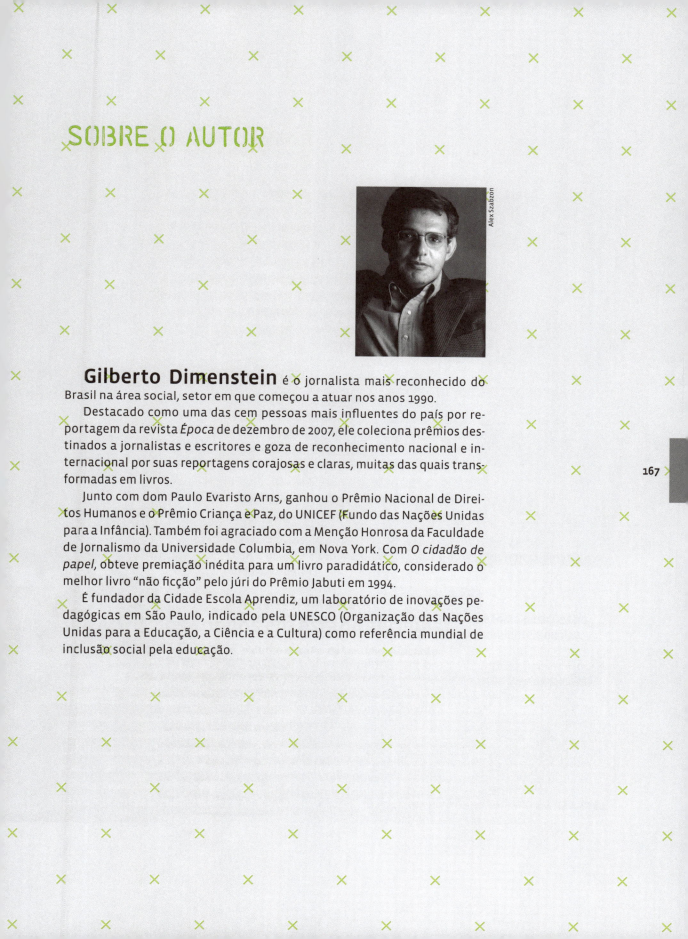

Gilberto Dimenstein é o jornalista mais reconhecido do Brasil na área social, setor em que começou a atuar nos anos 1990.

Destacado como uma das cem pessoas mais influentes do país por reportagem da revista *Época* de dezembro de 2007, ele coleciona prêmios destinados a jornalistas e escritores e goza de reconhecimento nacional e internacional por suas reportagens corajosas e claras, muitas das quais transformadas em livros.

Junto com dom Paulo Evaristo Arns, ganhou o Prêmio Nacional de Direitos Humanos e o Prêmio Criança e Paz, do UNICEF (Fundo das Nações Unidas para a Infância). Também foi agraciado com a Menção Honrosa da Faculdade de Jornalismo da Universidade Columbia, em Nova York. Com *O cidadão de papel*, obteve premiação inédita para um livro paradidático, considerado o melhor livro "não ficção" pelo júri do Prêmio Jabuti em 1994.

É fundador da Cidade Escola Aprendiz, um laboratório de inovações pedagógicas em São Paulo, indicado pela UNESCO (Organização das Nações Unidas para a Educação, a Ciência e a Cultura) como referência mundial de inclusão social pela educação.